\日本鐵道系列/

日本鐵道
小百科

240 種列車 × 豐富分類 × 趣味知識 成為小小鐵道迷的第一本書！

人人出版

目次

※本書的內容、資訊均為截至2024年7月的資料。
※若鐵道的資訊、用語有在其他的頁面中解說，則會以「➡頁數」的方式標示。

- 8　全日本的有趣列車
- 12　本書使用方式

第1章　新幹線

- 14　新幹線的實力？
  交通工具的速度評比
- 16　**新幹線全站地圖**
- 20　滿滿的高科技元素！
  東海道・山陽新幹線「N700S」
- 22　全部有13種！
  新幹線車輛型錄
- 26　新幹線軌道設備的
  5個厲害之處！
- 28　未來的新幹線！
  磁浮中央新幹線
- 30　N700S「海鷗號」的車輛搬運
  新幹線 越過海洋&陸地前進！
- 32　守護新幹線安全 夢幻的黃色新幹線
  「Doctor Yellow」
- 34　**新幹線的關鍵字**

第2章　特急列車

- 36　連結全日本各地的
  JR線特急列車網
- 38　鐵道界即將消失的臥鋪列車
  特急「日出瀨戶・出雲號」
- 40　從北海道到九州
  JR特急列車型錄
- 48　令人憧憬的鐵道之旅！搭乘豪華列車遊玩的
  郵輪式列車
- 50　駕駛室在哪兒？
  小田急浪漫特快「GSE」
- 52　人氣列車大集合
  私鐵特急列車型錄
- 56　不可不知的
  鐵道科技

第3章　通勤列車

- 58　比比看就知道
  是電車？還是氣動車？
- 60　最先進的通勤電車！
  JR山手線「E235系」
- 62　數量是JR第一名！
  行駛於首都圈的「E233系」
- 64　深受當地人愛用的
  JR通勤・近郊電車型錄
- 66　地方區間的主力
  JR氣動車型錄
- 68　延伸至鐵道以外的領域
  致力深耕在地的鐵道經營
- 70　關東 VS 關西
  對號座服務的現況
- 72　個性十足的
  私鐵通勤電車型錄
- 76　奔馳在大自然中！
  地方鐵道型錄
- 78　仍在地方私鐵活躍中！
  展開第二人生的讓渡車輛
- 80　吸引觀光客來訪！
  可愛的動物站長
- 86　協助修復受災的鐵道
  鐵道災害調查隊

鐵道基礎知識

- 4　從各部位到車輛符號　**電車構造大解析**
- 6　肩負鐵道王國的重任　**全日本的鐵道業者**
- 82　了解車輛基地的用途！　**車輛維修的現場**
- 84　邊看號誌和標誌　**體驗當駕駛員的感覺！**

第4章 地下鐵

- 88　地下的構造到底是什麼樣？　**來趟地下鐵的冒險之旅**
- 90　**地下鐵是怎麼樣的鐵道呢？**
- 92　共13條路線　**東京的地下鐵型錄**
- 94　都市交通的主力　**行駛於各地的地下鐵型錄**
- 96　線性馬達、第三軌、架空電車線　**地下鐵的運行系統**
- 98　**地下隧道是怎麼建造的呢？**
- 100　路線相接更加便利？　**透過相互直通前往各處**
- 102　**地下鐵冷知識**

第5章 特色列車

- 104　填補地下鐵和巴士的不足　**膠輪電車「AGT」**
- 106　使用膠輪行駛　**日本的AGT**
- 108　都市交通的救世主!?　**未來的交通工具「單軌電車」**
- 110　奔馳於空中　**日本的單軌電車**
- 112　既復古又創新　**與街景融合的路面電車**
- 114　鐵道的始祖　**氣勢十足的蒸汽機關車**
- 116　擅長於陡坡路段　**活躍於山路的鐵道**
- 118　只有這裡看得到!?　**獨一無二的鐵道**
- 120　默默的無名英雄　**守護鐵道安全的各種車輛**
- 122　運送眾人的物資　**力量強大的貨物列車**
- 124　好想去看看！　**全日本的特色車站**
- 126　在地風味　**全日本的人氣鐵道便當**

鐵道的工作

- 128　駕駛小田急浪漫特快　**讓人憧憬的電車駕駛員**
- 132　從確認安全到窗口業務！　**支撐車站運作的人　站務員的工作現場**
- 136　支援首都圈鐵道運輸的心臟　**JR東日本　一探究竟　東京綜合指令室**
- 138　守護首都東京的出入口　**鐵道警察的24小時**

鐵道基礎知識①

\ 從各部位到車輛符號 /

電車構造大解析

電車是透過軌道上方的架線引入電力，驅動馬達後使車輪運轉。接下來就來看看電車的構造吧。

電車（JR橫須賀線E235系）的構造

2020年登場。長期作為橫須賀線的車輛使用，以藍色為基調的配色很引人注目。

轉向架
支撐車體的轉向架，是影響乘車舒適性的重要裝置

1 集電弓
位於車頂上方的裝置，負責取得電力並將其傳送至馬達

2 空調裝置
調整車內的溫度和濕度，引入車外的新鮮空氣

3 信號火炬
若遇緊急狀況，會以火焰向附近的列車發出停止信號

4 列車無線天線
列車的無線電接收天線，用途是讓駕駛員與行控中心進行聯絡

5 前照燈・尾燈
車頭為白色的前照燈，車尾為紅色的尾燈，以此標示出車頭和車尾

6 目的地顯示器
顯示列車目的地的裝置，以LED電子看板為主流

7 連結器（密著式連結器）
連結車輛的裝置，須具備能承受較大負荷和震動的強度

8 排障器
清除軌道上的障礙物，並保護車輪等部位

9 車底設備
為行駛用馬達、逆變器等車輛底部機械設備的總稱

車內的座椅種類

長條座椅
與行進方向平行的長椅。座位空間緊湊，因此可容納大量的乘客

橫排座椅
與行進方向垂直的座椅。優點是坐起來舒適，而且方便欣賞風景等

半橫排座椅
同時設有長條座椅和橫排座椅的車廂。另外也有可因應狀況切換的雙模式座椅（➡P70）

車輛符號的解讀

車輛符號是由日文片假名、英文字母和數字組合而成。只要理解符號的意義，就能得知該車輛擁有哪些設備。每家鐵道公司的規則不同，下面以JR為例。

ク ハ E 2 3 3 - 2 2
Ku Ha

- Ⓐ 車輛種類
- Ⓑ 車輛設備
- Ⓒ 供電方式
- Ⓓ 用途
- 製造編號（每節車廂都有專屬的編號）

JR東日本的車輛會加上英文字母「E」

Ⓐ 車輛種類

ク Ku	控制車	有駕駛室的車輛
モ Mo	電動車	搭載馬達的車輛
サ Sa	附隨車	沒有馬達和駕駛室的車輛
クモ KuMo	控制電動車	有駕駛室並搭載馬達的車輛
キ Ki	氣動車（➡P58）	

Ⓑ 車輛設備

イ I	一等車廂	最高等級的車廂 郵輪式列車（➡P48）的車輛
ロ Ro	綠色車廂	須支付車資以外的綠色車廂費用
ハ Ha	普通車廂	只須支付車資就能搭乘
シ Shi	餐車	有餐廳（或自助式餐廳）的車輛
ロネ RoNe	A臥鋪車	有高級A臥鋪的車輛
ハネ HaNe	B臥鋪車	有普通B臥鋪的車輛
フ Fu	緩急車	有車掌室及手剎車裝置的車輛

Ⓒ 供電方式（➡P59）

編號	方式
1～3	直流電
4～6	交/直流電
7～8	交流電
9	試作車

Ⓓ 用途

編號	類型
0～3	一般型（通勤型・近郊型）
4・9	事業用車
5～8	特急型

電車編組

電車為了一次載運大量乘客，會連結多節車廂形成編組。一列編組通常由帶有動力裝置的「動力車」，及不帶動力裝置的「附隨車」組合而成。電車的運行必須仰賴動力車，但維修費工且重量較重。因此得善加規劃動力車和附隨車的配置比例，才能讓運行更有效率。

山手線 E235 系的 11 節編組

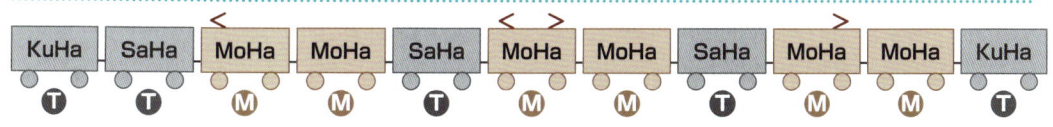

KuHa - SaHa - MoHa - MoHa - SaHa - MoHa - MoHa - SaHa - MoHa - MoHa - KuHa
T - T - M - M - T - M - M - T - M - M - T

動力車稱為「M車（＝馬達）」，附隨車稱為「T車（＝拖車）」。以山手線的 E235 系 11 節編組為例，為 6 輛 M 車與 5 輛 T 車的組合。

MT比（動拖比）

指一列編組內，動力車（M車）和附隨車（T車）的配置比例。動力車的比例較高時稱為「MT比高」，代表該列車的加速性能強，能高速行駛。

5

鐵道基礎知識 ②

\ 肩負鐵道王國的重任 /

全日本的鐵道業者

日本的鐵道網是由各家鐵道業者管理的路線組成，主要可分為6家JR旅客鐵道和大型私鐵、中小型私鐵、第三部門鐵道。

6家JR旅客鐵道

鐵道路線遍布全日本的JR集團，前身是由政府所設立的日本國有鐵道（國鐵），於1987年分割民營化，依地域劃分成6家公司。

JR 北海道
鐵道網以北海道為主，負責營運北海道新幹線等路線

JR 東日本
鐵道網主要涵蓋關東地方和東北地方，負責營運東北新幹線等路線

JR 西日本
鐵道網主要涵蓋近畿、北陸、中國地區，負責營運山陽新幹線等路線

JR 東海
鐵道網以東海地方為中心，負責營運東海道新幹線等路線

JR 九州
鐵道網以九州地區為中心，負責營運九州新幹線等路線

JR 四國
鐵道網主要涵蓋四國地區，是6家JR旅客鐵道中唯一沒有營運新幹線的公司

擔任物流運輸的JR貨物
JR貨物是利用JR的路線網來運送商品、資材等物的「貨物列車」（➡P122）。

大型私鐵

私鐵即民間所營運的鐵道公司。其中規模最大的16家公司被稱為「大型私鐵」，緊接在後的4家稱為「準大型私鐵」。

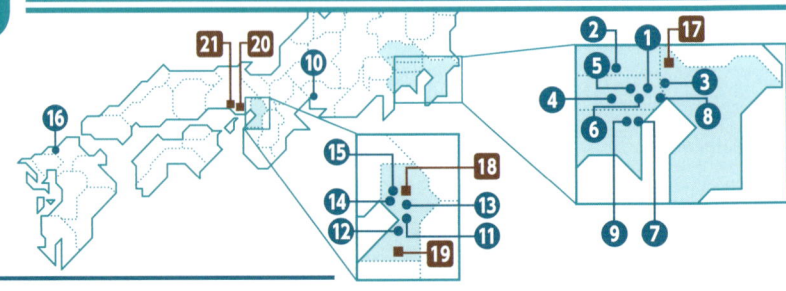

16家大型私鐵

總公司所在地	業者名（簡稱）	成立年份	總公司所在地	業者名（簡稱）	成立年份
1 東京都	東武鐵道（東武）	1897年	9 神奈川縣	相模鐵道（相鐵）	1917年
2 埼玉縣	西武鐵道（西武）	1912年	10 愛知縣	名古屋鐵道（名鐵）	1894年
3 千葉縣	京成電鐵（京成）	1909年	11 大阪府	近畿日本鐵道（近鐵）	1910年
4 東京都	京王電鐵（京王）	1910年	12 大阪府	南海電氣鐵道（南海）	1885年
5 東京都	小田急電鐵（小田急）	1923年	13 大阪府	京阪電氣鐵道（京阪）	1906年
6 東京都	東急電鐵（東急）	1922年	14 大阪府	阪神電氣鐵道（阪神）	1899年
7 神奈川縣	京濱急行電鐵（京急）	1898年	15 大阪府	阪急電鐵（阪急）	1907年
8 東京都	東京地下鐵（東京Metro）	2004年	16 福岡縣	西日本鐵道（西鐵）	1908年

4家準大型私鐵

總公司所在地	業者名（簡稱）	成立年份
17 千葉縣	新京成電鐵（新京成）*	1946年
18 大阪府	北大阪急行電鐵（北急）	1967年
19 大阪府	泉北高速鐵道（泉鐵）**	1965年
20 兵庫縣	神戶高速鐵道（神戶高速）	1958年
21 兵庫縣	山陽電氣鐵道（山電）	1933年

6　＊新京成電鐵已於2025年4月被京成電鐵合併，路線改名為松戶線　　＊＊泉北高速鐵道已於2025年4月被南海電氣鐵道合併，路線改名為泉北線

中小型私鐵・第三部門鐵道

大型私鐵、準大型私鐵以外的「中小型私鐵」，以及由國家或地方政府成立的「第三部門鐵道」，主要營運地方的鐵道路線。

第三部門鐵道的結構

由國家或地方公共團體（第一部門），與民營公司（第二部門）共同出資設立的公司。期望藉由重視利益的第二部門來補足第一部門過於浪費的缺點，以提升整體的營運效率。

鐵道業者
出資・經營
地方政府　民間企業

主要的第三部門鐵道

業者名
1. 道南漁火鐵道
2. IGR岩手銀河鐵道
3. 三陸鐵道
4. 秋田內陸縱貫鐵道
5. 由利高原鐵道
6. 山形鐵道
7. 阿武隈急行
8. 會津鐵道
9. 野岩鐵道
10. 鹿島臨海鐵道
11. 真岡鐵道
12. 渡良瀨溪谷鐵道
13. 夷隅鐵道
14. 北越急行
15. 越後心動鐵道
16. 信濃鐵道
17. 愛之風富山鐵道
18. 能登鐵道
19. IR石川鐵道
20. 福井幸福鐵道
21. 長良川鐵道
22. 樽見鐵道
23. 明知鐵道
24. 天龍濱名湖鐵道
25. 愛知環狀鐵道
26. 伊勢鐵道
27. 信樂高原鐵道
28. 京都丹後鐵道
29. 北條鐵道
30. 若櫻鐵道
31. 智頭急行
32. 井原鐵道
33. 錦川鐵道
34. 阿佐海岸鐵道
35. 土佐黑潮鐵道
36. 平成筑豐鐵道
37. 甘木鐵道
38. 松浦鐵道
39. 南阿蘇鐵道
40. 球磨川鐵道
41. 肥薩橙鐵道

主要的中小型私鐵

業者名
42. 津輕鐵道
43. 弘南鐵道
44. 福島交通
45. 上毛電氣鐵道
46. 上信電鐵
47. 秩父鐵道
48. 銚子電氣鐵道
49. 小湊鐵道
50. 江之島電鐵
51. 小田急箱根
52. 長野電鐵
53. 上田電鐵
54. Alpico交通
55. 富士山麓電氣鐵道
56. 黑部峽谷鐵道
57. 富山地方鐵道
58. 北陸鐵道
59. 伊豆箱根鐵道
60. 伊豆急行
61. 岳南電車
62. 靜岡鐵道
63. 大井川鐵道
64. 遠州鐵道
65. 豐橋鐵道
66. 叡山電鐵
67. 水間鐵道
68. 和歌山電鐵
69. 紀州鐵道
70. 能勢電鐵
71. 神戶電鐵
72. 一畑電車
73. 廣島電鐵
74. 高松琴平電氣鐵道
75. 伊予鐵道
76. 島原鐵道
77. 熊本電氣鐵道

北海道唯一的第三部門鐵道「道南漁火鐵道」

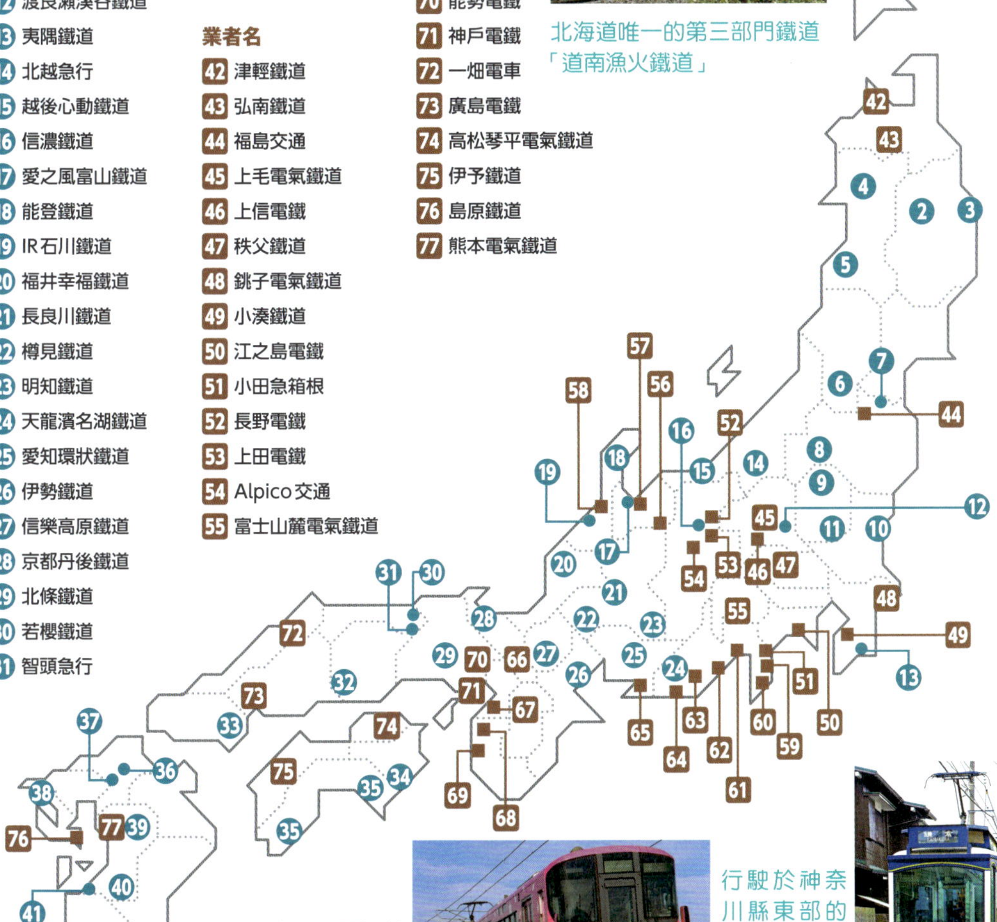

2024年3月開始營運的第三部門鐵道「福井幸福鐵道」

行駛於神奈川縣東部的江之島電鐵，暱稱為「江之電」

7

\ 與眾不同 /　\ 有趣好玩 /

全日本的有趣列車
\ 充滿魅力 /

以下將從全日本的有趣列車中，挑選出11款以人氣角色打造的列車、將歡樂元素加入設計的列車……來做介紹。

■運行區間　■基本編組　■所需時間（以下行最快列車為準）

1

JR北海道
富良野◆美瑛Norokko號

■旭川‧美瑛～富良野　■DE15型柴油機車+510型客車（3節）　■約1小時40分

能享受富良野、美瑛地區景色的觀光小火車，沿途有薰衣草等美麗花海。僅於每年夏天到秋天期間運行，名稱取自「Noronoro（緩慢）行走的Torokko（小火車）列車」。

小火車內設有木製長椅，可飽覽美麗的景色

暖爐的周圍較溫暖，因此也是乘客熱絡互動的空間

2

津輕鐵道
暖爐列車

■津輕五所川原～津輕中里
■DD350型柴油機車+21型氣動車+Ohafu 33型客車+Oha 46型客車　■約45分

冬季限定的熱門列車。這輛列車的一大特色是車內設有燃煤暖爐，能吃到暖爐現烤的魷魚。

8

3

三陸鐵道

暖爐桌列車

- 宮古～久慈
- 36-Z型氣動車
- 約1小時50分

三陸鐵道的冬季名物列車。可以坐在溫暖的暖爐桌內，一路欣賞三陸地方的冬天美景，還備有紀念乘車證和表演活動。採單節車廂運行，有時也會與定期列車連結行駛。

可一邊在車內的暖爐桌裡取暖，一邊眺望海景。還能事前預約便當，品嘗岩手縣當地捕撈的海膽和鮑魚

4

會津鐵道

座席展望列車

- 會津田島～會津若松
- AT-350型氣動車＋AT-400型氣動車
- 約1小時30分

為一款同時擁有小火車、榻榻米、觀景3種座位的列車。行駛於田園風景和溪谷沿岸的大自然中，經過觀光景點時還會暫時停車。採期間限定運行。

6～9月的小火車為無窗設計，能感受微風輕拂的愜意

5

1號車為觀景車廂，設有模擬控制台的「兒童駕駛座」（右上）

富士山麓電氣鐵道

富士山特急

- 大月～河口湖
- 8000系電車（3節）
- 約1小時

前身為小田急電鐵的浪漫特快20000型「RSE」，接收過來後進行大幅度的改裝。車體上描繪著以富士山為意象設計的吉祥物「富士山君」。

負責營運富士山特急的富士山麓電氣鐵道是「距離富士山最近的鐵道」。天氣晴朗時，從車窗就能看到富士山的身影

6

大井川鐵道
湯瑪士號

- 🟦 新金谷～川根溫泉笹間渡
- 🟥 湯瑪士號＋客車（5節）
- 🟪 約100分

將真正的蒸汽機關車改以電視動畫《湯瑪士小火車》的角色來呈現。主要的運行期間為6～12月的週六和假日，營運期間還會舉辦各種活動。

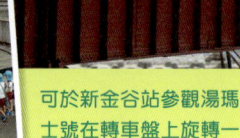

可於新金谷站參觀湯瑪士號在轉車盤上旋轉一圈的畫面

©2024 Gullane(Thomas) Limited.

© 2024 SANRIO CO., LTD. APPROVAL NO. L652803

7

JR西日本
Hello Kitty新幹線

- 🟦 新大阪～博多 🟥 500系新幹線電車（8節）
- 🟪 4小時14分

人氣角色「Hello Kitty」與500系新幹線聯名之作。車體和車廂內都繪有Hello Kitty，可愛的設計很吸引人目光。每天只有一班列車往返新大阪～博多間。

2號車的「KAWAII！ROOM」。頭枕套、遮光簾等處皆有Hello Kitty的圖案

8

JR四國
8000系麵包超人列車

- 🟦 岡山・高松～松山 🟥 8000系電車（8節）
- 🟪 約2小時40分（岡山～松山）

以特急「潮風號」等所使用的8000系列車為基礎設計而成，呈現出動畫《麵包超人》的世界觀。由JR四國推出的麵包超人列車總共有5款。

1號車的「麵包超人座位」。印有「麵包超人」角色的圖案，色彩鮮明活潑

©やなせたかし／フレーベル館・TMS・NTV

10

9

JR四國

鐵道Hobby列車

- 宇和島～窪川（部分以近永、江川崎為起訖站）
- Kiha32 型氣動車 ■約 2 小時 40 分

Kiha 32型氣動車以初代0系新幹線為原型，特徵是正面有著圓圓的鼻子。車廂內置有0系實際使用過的座椅和鐵道模型，地板和窗簾上也印有鐵道的圖案。

車廂內展示著許多鐵道模型，隨處可見能讓鐵道迷開心的巧思

10

JR九州

特急 阿蘇男孩號

- 熊本～別府 ■Kiha183 系氣動車（4 節）■約 3 小時 30 分

車身上隨處可見原創角色「小黑」的插圖。1號、4號車的前端為觀景室，可以欣賞到阿蘇山的壯麗景色。適合親子同樂的家庭車廂也很受歡迎。採期間限定運行。

3號車的家庭車廂內有個裝滿木球的「木池」，為孩子們的遊樂場

11

JR九州

特急 雙星4047

- 武雄溫泉～長崎 ■Kiha40 系・47 系氣動車（3 節）■約 3 小時

上午班次經由JR長崎本線，下午班次則經由JR大村線，雖路線不同但皆能飽覽美麗的海景。採期間限定運行。只在車內才買得到的特製便當（須事前預約）也廣受好評。

車廂的內裝由木材打造。2號車的「Lounge 40」設有沙發座和吧檯座，能享受愜意時光

特急「雙星4047」的列車名稱，是因為使用Kiha 40系、47系，行經佐賀、長崎這兩個九州觀光行程中的「明星景點」而得名

本書使用方式

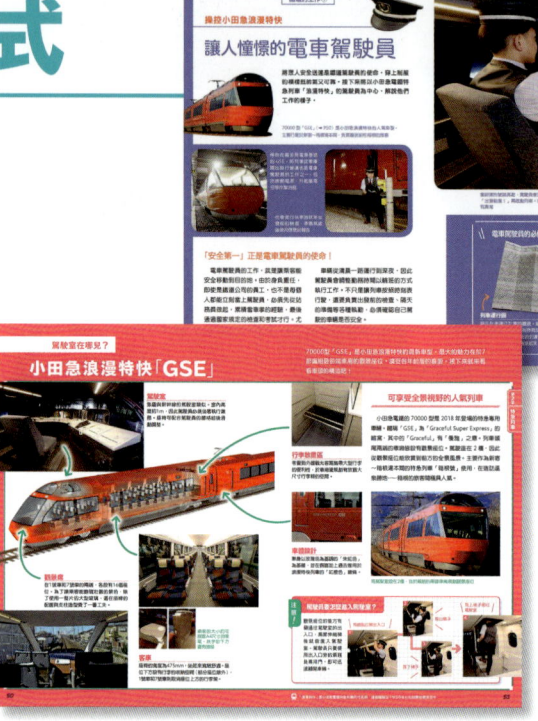

全日本有各種類型的鐵道，從最先進的高科技列車到懷舊列車都有。本書分成新幹線、特急列車、通勤列車、地下鐵、各式鐵道等5章，並提供詳盡的說明。

每章還有一個深入探討相關主題的專欄。由於書本的尺寸便於攜帶，也很適合外出時翻閱使用。

本書的特色 1
＼探索祕密／
藉由透視圖和圖解呈現車輛、鐵道設施的祕密。

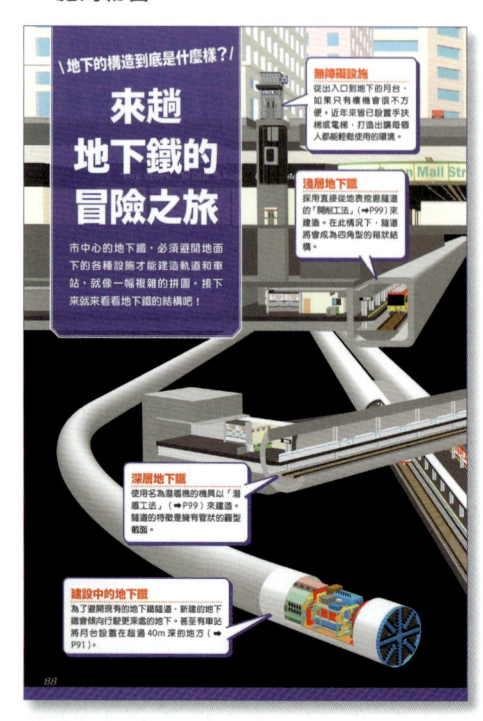

本書的特色 2
＼列車・車輛的型錄／
依照主題挑選出列車和車輛，並搭配詳細的數據進行解說。

補充知識：包含不可不知的資訊或冷知識等內容。

12

第 1 章

新幹線

快速又帥氣的新幹線，探究它的最新科技與各式車輛的祕密。

新幹線的實力？
交通工具的速度評比

在所有的公共運輸中，新幹線是速度最快的地面交通工具。為了與競爭對手「客機」抗衡，因此不斷地提升速度，目前最高時速已經達到320km。

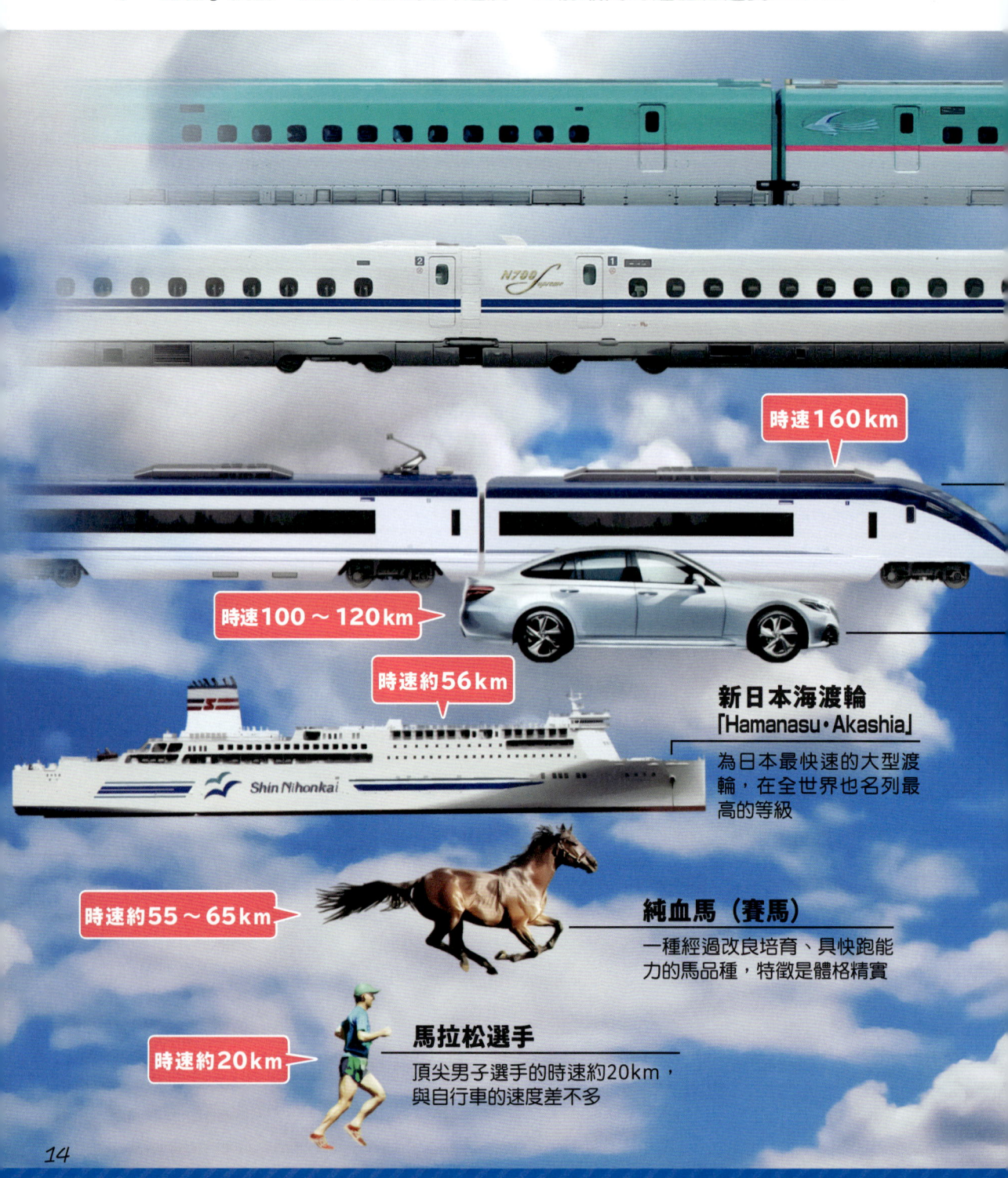

時速160km

時速100～120km

時速約56km

新日本海渡輪
「Hamanasu・Akashia」
為日本最快速的大型渡輪，在全世界也名列最高的等級

時速約55～65km

純血馬（賽馬）
一種經過改良培育、具快跑能力的馬品種，特徵是體格精實

時速約20km

馬拉松選手
頂尖男子選手的時速約20km，與自行車的速度差不多

波音 787
時速約910km
日本國內線航班的主力機型之一，座位數約330個

東北・北海道新幹線 E5系・H5系「隼號」
時速320km
日本最快速的新幹線，車頭的「長鼻」約有15m長

東海道・山陽新幹線 N700S「希望號」
時速300km
山陽新幹線的姬路～博多間彎道較少，能以時速300km的高速度運行

京成電鐵 AE型「Skyliner」
往返京成上野～成田機場間的機場特急列車，是除了新幹線以外最快的列車

汽車
日本的高速公路規定普通客車的最高速度為時速100km（部分區間為120km）

1964年東海道新幹線開通時投入服務的初代新幹線0系，車頭的「圓鼻」很有特色

以「尖鼻」為特徵的第2代新幹線100系，也是首度採用雙層車廂的新幹線列車

第3代新幹線300系因車頭呈平滑曲線狀又被稱為「鐵假面」，曾作為東海道・山陽新幹線的初代「希望號」使用

小知識
新幹線提升速度的歷史

1964年登場	0系	時速220（起初為210）km
1985年登場	100系	時速230km
1992年登場	300系	時速270km
1997年登場	500系	時速300km
2011年登場	E5系	時速320（起初為300）km

新幹線不僅速度快，安全性也是首屈一指。自1964年開業以來，載客營運的列車未曾發生過乘客死亡的事故

15

新幹線全站地圖

① 東海道・山陽・九州・西九州新幹線

以東京為起點一路向西延伸到九州，為日本交通運輸的大動脈。接下來就看看沿途經過哪些區域吧。

- ■營運公司　■路線長度　■車站數目
- ■運行列車　■所需時間（最快）

於新大村～嬉野溫泉間能眺望大村灣的景色

山陽新幹線
新大阪～博多

- ■JR西日本　■622.3km
- ■19站　■希望號・瑞穗號・光號・櫻花號・回聲號・燕子號
- ■2時間22分　＊燕子號一天僅2班

連結岡山、廣島等山陽地方瀨戶內海沿岸主要都市的新幹線，終點站為九州的博多。多數列車皆與東海道新幹線直通。

700系7000番台　500系
N700A・N700S　N700系7000・8000番台

行經姬路站附近時，眼前就可以看到國寶姬路城

西九州新幹線
武雄溫泉～長崎

N700S8000番台

- ■JR九州
- ■69.6km
- ■5站
- ■海鷗號
- ■24分

2022年才剛通車，為日本最新的新幹線。可於武雄溫泉站同一個月台的對側，轉乘特急「接力海鷗號」繼續往博多方向前進。

九州新幹線
博多～鹿兒島中央

- ■JR九州　■288.9km
- ■12站
- ■瑞穗號・櫻花號・燕子號
- ■1小時16分

縱貫九州南北的新幹線。共有3種列車，分別是可直通山陽新幹線的「瑞穗號」和「櫻花號」，以及在九州新幹線內運行的「燕子號」。

N700系7000・8000番台　800系

鹿兒島中央站是日本最南端的新幹線車站，背後的櫻島高高聳立著

16

第1章 新幹線

靜岡縣內有些區間能欣賞到富士山的美麗景色

日本交通大動脈的東海道新幹線，尖峰時段每隔3分鐘就有一班車

東海道新幹線
東京～新大阪

- 🟦 JR東海　🟩 552.6km　🟥 17站
- 🟧 希望號・光號・回聲號
- 🟪 東京～新大阪 2 小時 22 分

N700A・N700S

1964年通車的新幹線。以東京為起點，連結名古屋、京都、大阪等大城市。有「希望號」、「光號」、「回聲號」3種列車，「希望號」停靠站數最少，「回聲號」則是每站皆停。

東京站的新幹線月台。總是擠滿著商務客和遊客

行經京都站附近時，能眺望到東寺（教王護國寺）的五重塔

摩天大樓林立的名古屋站。新幹線的所有列車皆會停靠名古屋站

路線站點：姬路－西明石－新神戶－新大阪－大阪－京都－米原－岐阜羽島－三河安城－豐橋－名古屋－濱松－掛川－靜岡－新富士－三島－熱海－小田原－新橫濱－品川－東京

縣：兵庫、京都、滋賀、岐阜、愛知、靜岡、神奈川、東京

小知識　新幹線開業

所需時間大幅縮短

在東海道新幹線開通前，東京～大阪間的車程需耗費6.5個小時，以往出差往返東京和大阪通常得安排兩天一夜。然而隨著新幹線的通車，一天之內就能往返兩地，也成為改變日本經濟的重要契機。

年份	車種	所需時間	最高時速
1960年	回聲號（在來線特急）	6小時30分	110km
1964年	光號0系	4小時	210km
1965年	光號0系	3小時10分	210km
1986年	光號100系	2小時56分	220km
1992年	希望號300系	2小時30分	270km
2007年	希望號N700系	2小時25分	270km
2015年	希望號N700A	2小時22分	285km

17

新幹線全站地圖

②東北・山形・秋田・北海道・上越・北陸新幹線

以東北・北海道新幹線為主軸，上越・北陸新幹線的分岔點在大宮，山形新幹線的分岔點在福島，秋田新幹線的分岔點則在盛岡。

圖例：■營運公司 ■路線長度 ■車站數目 ■運行列車 ■所需時間（最快）

新幹線 開業的歷程

開業年份	路線	區間	長度（km）
1964年	東海道新幹線	東京～新大阪	552.6
1972年	山陽新幹線	新大阪～岡山	180.3
1975年	山陽新幹線	岡山～博多	442.0
1982年	東北新幹線	大宮～盛岡	505.0
1982年	上越新幹線	大宮～新潟	303.6
1985年	東北新幹線	上野～大宮	26.7
1991年	東北新幹線	東京～上野	3.6
1992年	山形新幹線	福島～山形	87.1
1997年	秋田新幹線	盛岡～秋田	127.3
1997年	北陸新幹線	高崎～長野	117.4
1999年	山形新幹線	山形～新庄	61.5
2002年	東北新幹線	盛岡～八戶	96.6
2004年	九州新幹線	新八代～鹿兒島中央	137.6
2010年	東北新幹線	八戶～新青森	81.8
2011年	九州新幹線	博多～新八代	151.3
2015年	北陸新幹線	長野～金澤	228.1
2016年	北海道新幹線	新青森～新函館北斗	148.8
2022年	九州新幹線	武雄溫泉～長崎	69.6
2024年	北陸新幹線	金澤～敦賀	125.1

合計 3446.0 km

上越新幹線
大宮～新潟　E7系
- ■JR東日本　■333.9km　■10站
- ■朱鷺號・谷川號
- ■1小時29分（東京～新潟）

連接首都圈和群馬（上州）、新潟（越後）的新幹線。由於橫跨群馬和新潟交界的三國山脈，中途須穿越長達20km以上的隧道。

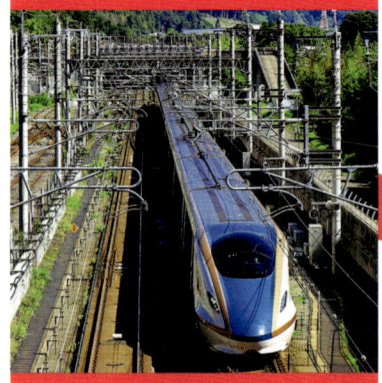

越過以谷川岳為首的巨大山脈，一路向前奔馳

北陸新幹線是唯一能從車窗望見日本海的新幹線

北陸新幹線
高崎～敦賀　E7系・W7系
- ■JR東日本・JR西日本
- ■470.6km　■19站
- ■光輝號・白鷹號・淺間號・劍號
- ■3小時20分（東京～敦賀）

為配合1997年的長野冬季奧運，高崎～長野路段已先行通車。2015年才延伸至金澤，2024年3月延伸至敦賀。

車站：黑部宇奈月溫泉、富山、新高岡、金澤、加賀溫泉、蘆原溫泉、小松、福井、越前武生、敦賀

18

第1章 新幹線

北海道新幹線
新青森～新函館北斗
E5系・H5系
- JR北海道
- 148.8km
- 4站
- 隼號・疾風號
- 3小時52分（東京～新函館北斗）

從連結本州和北海道的青函隧道疾馳而出

新幹線從東北新幹線的新青森繼續北上，穿越青函隧道後進入北海道。也有直通東北新幹線行駛東京～新函館北斗間的列車。

秋田新幹線
盛岡～秋田
E6系
- JR東日本
- 127.3km
- 6站
- 小町號
- 3小時42分（東京～秋田）

由於行駛於豪雪地帶，車輛及設施皆有良好的耐雪性能

屬於經過改良的迷你新幹線（→P27），可讓新幹線列車直通連接盛岡～大曲間的田澤湖線，以及大曲～秋田間的奧羽本線。車輛的鮮豔配色很引人注目。

山形新幹線
福島～新庄
- JR東日本
- 148.6km
- 11站
- 翼號
- 3小時7分（東京～新庄）

E3系　E8系

奔走於米澤盆地的水田地帶

為改良版的迷你新幹線（→P27），可直通連接福島～山形間的奧羽本線。沿途會行經奧羽山脈的隘口、山形的田園地帶等自然美景。

東北新幹線
東京～新青森
- JR東日本
- 668.0km
- 23站
- 隼號・疾風號・山彥號・那須野號
- 2小時58分

E2系　E3系
E5系・H5系　E6系
E8系

連結以東京為中心的首都圈和東北地方的新幹線。在宇都宮～盛岡間的列車時速達320km，速度為全日本之最。

秋田新幹線「小町號」（照片）和山形新幹線「翼號」有時也會併結行駛

地圖站名
新函館北斗／木古內／北海道／奧津輕今別／新青森／青森／七戶十和田／八戶／二戶／秋田／田澤湖／雫石／岩手沼宮內／角館／盛岡／岩手／大曲／新花巻／北上／水澤江刺／栗駒高原／一之關／新庄／山形／大石田／村山／古川／櫻桃東根／天童／仙台／上山溫泉／山形／宮城／赤湯／白石藏王／高畠／米澤／福島／新潟／燕三條／郡山／長岡／浦佐／新白河／越後湯澤／那須鹽原／糸魚川／上越妙高／栃木／飯山／上毛高原／宇都宮／長野／群馬／高崎／小山／上田／安中榛名／熊谷／茨城／佐久平／輕井澤／大宮／長野／埼玉／本庄早稻田／上野／東京

滿滿的高科技元素！

東海道・山陽新幹線「N700S」

追求「極致」乘車體驗的新世代標準車輛

N700S是東海道・山陽新幹線推出的新世代車型，前一代為2007年登場的N700系（N700A）。S取自「最高級」之意的英文「Supreme」，正如其名，N700S在性能上有大幅度的進化。外觀雖與N700A相似，但透過減少噪音和車體晃動，提升了搭乘的舒適性。推動進化的關鍵，就在於SiC（碳化矽）功率半導體等最新的技術。這些技術也用於控制馬達的主變換裝置，同時達到節能之目的。

剎車把手

主控制器

駕駛座
控制台上排列著各式儀表。操作時是以右手握住控制加速的主控制器，左手握住剎車把手。

車頭
採左右兩側邊緣凸起的「至尊雙翼型（Dual Supreme Wing）」設計，能讓運行時的空氣流動更加順暢，有效降低噪音和車體晃動。

轉向架
與N700系相比，重量明顯較輕。

軌道狀態監視系統
該系統可在行駛過程中測量軌道、ATC（列車自動控制裝置）、號誌等設備的狀態，就如同「Doctor Yellow」（➡P32）一樣。搭載於部分的編組中。

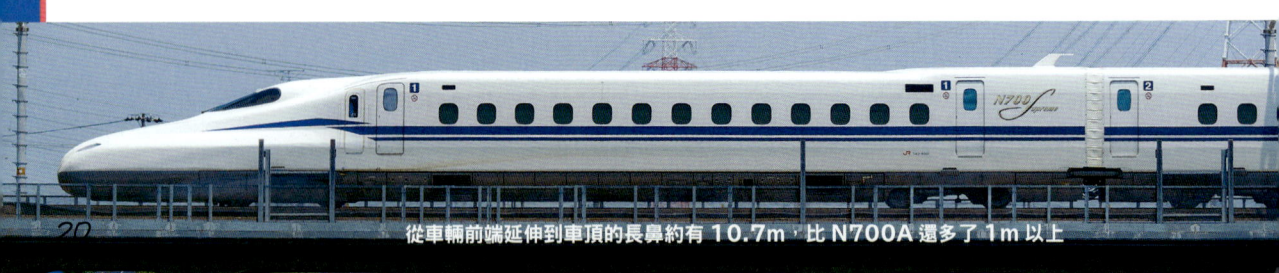

從車輛前端延伸到車頂的長鼻約有 **10.7m**，比 N700A 還多了 **1m** 以上

2020年登場的東海道・山陽新幹線最新車輛。採用最先端的科技，在行走性能、安全性、舒適度等各方面皆大幅度提升，可稱得上是新幹線的王牌。接下來就來看看它到底有多厲害吧。

第1章 新幹線

高架電車線狀態監視系統
在部分編組中備有此裝置，用來測量運行時，輸送電力之高架電車線的磨耗程度。

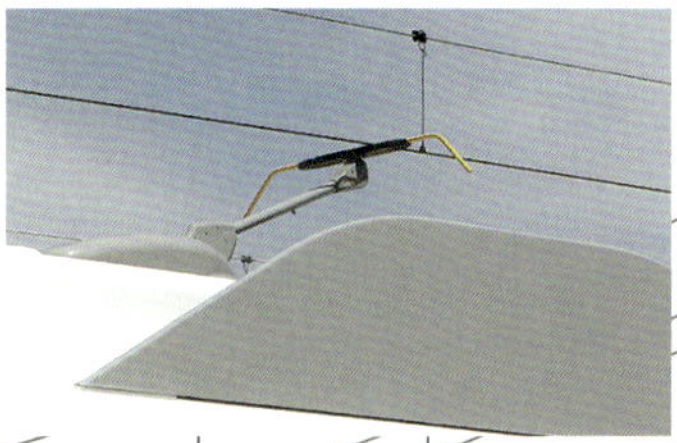

電池自跑系統
即便因災害而停電，車輛也能靠鋰電池的電力，驅動馬達自己行駛。此為高速鐵道的首次嘗試。

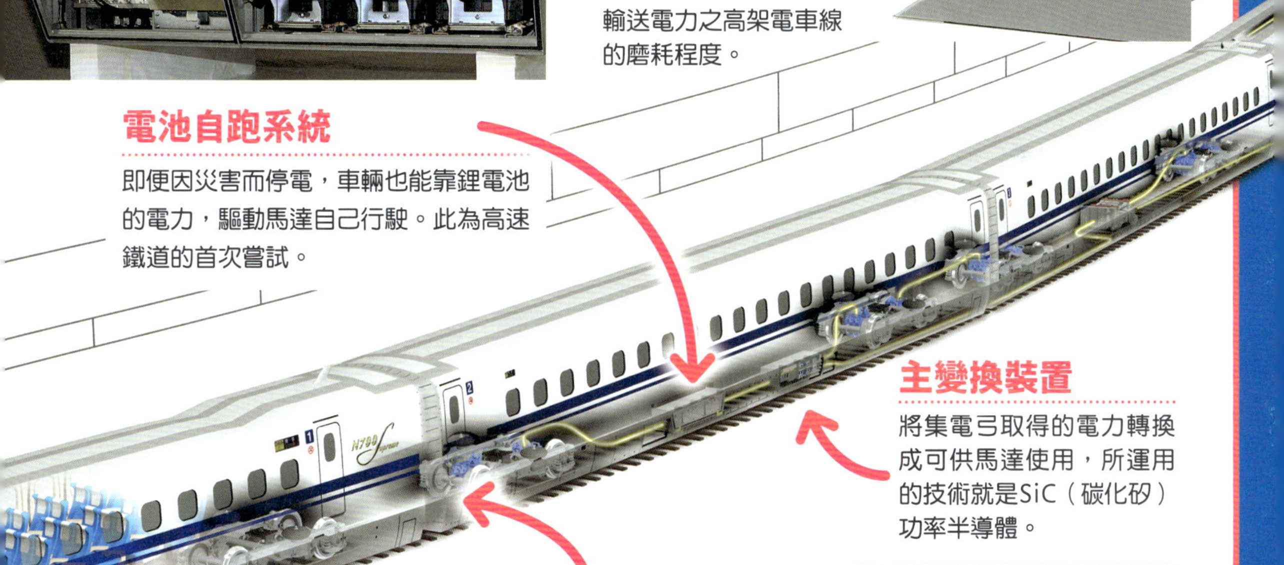

主變換裝置
將集電弓取得的電力轉換成可供馬達使用，所運用的技術就是SiC（碳化矽）功率半導體。

阻尼器・全周幌
安裝全周幌（車廂連結布）將連結部整個覆蓋，以降低行駛時的噪音。連結兩節車廂的阻尼器，可以抑制前後方向的晃動。

全周幌　阻尼器

車內
當接近停靠站時，行李架上的燈光會變亮，以防止乘客遺忘物品。當椅背傾斜時，椅面也會連動跟著下沉。

所有座位的扶手均設有插座

注意！左右搖晃幾乎為零!?

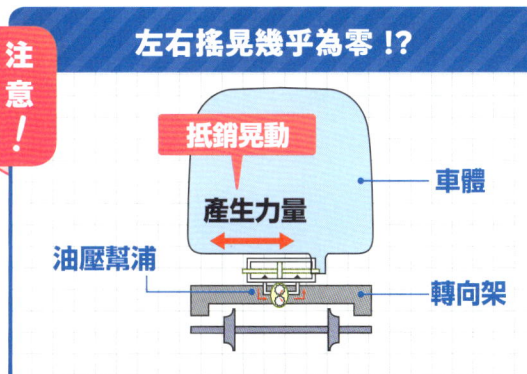

抵銷晃動
產生力量
車體
油壓幫浦
轉向架

兩端的車頭、綠色車廂及裝有集電弓的5號車和12號車，都備有可抑制晃動的「主動式減震控制裝置」。一旦偵測到左右搖晃，油壓幫浦會將車體往相反方向移動以抵銷晃動。

21

> 全部有 **13** 種！

■ 主要運行區間(列車名) ■ 編組數 ■ 最高速度

新幹線車輛型錄

① 東海道・山陽・九州・西九州新幹線

目前運行的新幹線車輛共有 13 種。雖然都擁有銳利的車頭曲線，但不同種類之間仍有不同之處。

注意！

N700A 的 Logo 有 2 款!?

印在車身上的 Logo 有 2 款，較大的（上）是原本就以 N700A 規格製造的車輛，較小的（下）是由 N700 系改良而成的車輛。

JR東海・JR西日本

N700系・N700A

■ 東京～新大阪～博多（希望號・光號・回聲號） ■ 16 節
■ 時速 300km（東海道新幹線內時速 285km）

相對於2007年開始營運的東海道・山陽新幹線使用的「N700系」，而「N700A」則是提升安全性和穩定度的改良版。後來N700系也追加了與N700A同樣的功能，將全數車輛改造成N700A。

JR東海・JR西日本

N700S

■ 東京～新大阪～博多（希望號・光號・回聲號）
■ 16節 ■ 時速300km（東海道新幹線內時速 285km）

2020年登場的東海道・山陽新幹線最新車輛，採用新技術來提高安全性和舒適度。「S」是取自英文「Supreme」的字首，為「最高等級」之意。

JR西日本・JR九州

N700系 7000・8000番台

■ 新大阪～博多～鹿兒島中央（櫻花號・瑞穗號・燕子號）
■ 8節 ■ 時速300km（九州新幹線內時速285km）

2011年投入服務的山陽・九州新幹線車輛為 N700 系的一種，特徵是車身帶有藍色。7000 番台是 JR 西日本旗下的車型，8000 番台為 JR 九州所屬。

22

JR西日本
500系
■ 新大阪～博多（回聲號）
■ 8節 ■ 時速285km

特徵是車頭有個尖尖的長鼻，1997年登場時，以時速300km創下世界最快的紀錄。目前只服務於山陽新幹線的「回聲號」。

往新大阪方向的車頭（8號車）內，設有參考實際控制台所設計的「兒童駕駛室」

第1章 新幹線

JR西日本
700系 7000番台
■ 新大阪～博多（光號鐵路之星・回聲號）
■ 8節 ■ 時速285km

2000年推出的山陽新幹線專用車輛。最初被運用在備有舒適座椅的「光號鐵路之星」，但目前主要作為「回聲號」使用。

8號車內規畫有可容納4人的「包廂」，裡面有張大桌子

JR九州
800系
■ 博多～鹿兒島中央（櫻花號・燕子號）
■ 6節 ■ 時速260km

2004年投入營運的九州新幹線車輛。由於九州新幹線的坡道較多，因此提升了動力。車內設計以日本的和風與傳統為主題。

JR九州
N700S 8000番台
■ 武雄溫泉～長崎（海鷗號） ■ 6節 ■ 時速260km

2022年開通的西九州新幹線車輛。規格以N700S為基礎，但紅白配色的車身塗裝等設計皆為原創。

かもめ KAMOME NISHI KYUSHU SHINKANSEN

車身上印有毛筆字體的列車名稱「かもめ」（海鷗號）以及各式Logo

東海道・山陽新幹線的N700A和N700S均為16節編組。總長約400m，為全日本最長的列車（貨物列車除外）

23

新幹線 車輛型錄

■主要運行區間(列車名) ■編組數 ■最高速度

② 東北・北海道・山形・秋田・上越・北陸新幹線

JR東日本・JR北海道
E5系・H5系
■東京～新青森～新函館北斗（隼號・疾風號・山彥號・那須野號）
■10 節 ■時速 320km

用於東北・北海道新幹線，320km的最高時速為全日本最快，也是新幹線首次設有「Gran Class」豪華車廂的車輛。E5系隸屬於JR東日本，H5系隸屬於JR北海道。基本性能都一樣，但車內的設計各有不同。

JR東日本
E2系
■東京～郡山・仙台（山彥號・那須野號） ■10 節 ■時速 275km

1997年登場。曾廣泛運用在上越新幹線和北陸新幹線，但現在主要行駛於東京～那須鹽原・郡山間的「那須野號」。

JR東日本
E3系
■東京～福島～新庄（翼號）
■7 節 ■時速275km

服務於山形新幹線，可直接駛入在來線。在東京～福島間，有時也會與東北新幹線的E5系併結運行。車身的配色於2014年煥然一新。

注意！
E5系和H5系 不同之處

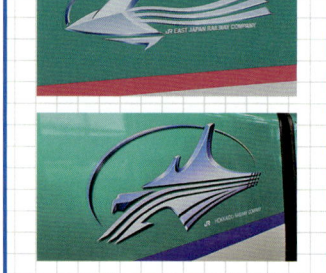

車身上的Logo圖案不同，E5系是以猛禽「隼」（上）為意象，H5系則是以「北海道的雄偉」和「白隼」（下）為主題。色帶的顏色也不一樣，E5系是粉紅色，H5系是紫色。

JR東日本

E6系

■東京～盛岡～秋田
（小町號・隼號・山彥號・那須野號）
■7節　■時速320km

2013年投入營運的秋田新幹線車輛，與E3系一樣可直接駛入在來線。在東京～盛岡間會與E5系・H5系併結，最高時速可達320km。

車體比一般的新幹線車輛窄，因此東京～盛岡間在停靠時會自動伸出踏板，以填補列車與月台之間的空隙

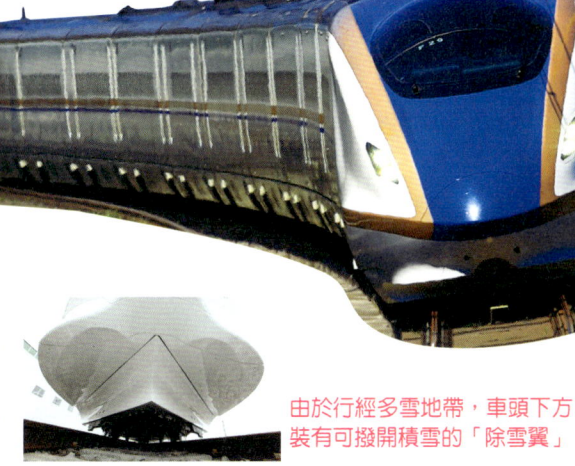

JR東日本・JR西日本

E7系・W7系

■東京～長野・富山・敦賀（光輝號・白鷹號・淺間號・劍號）、東京～越後湯澤・新潟（朱鷺號・谷川號）　■12節　■時速275km

專為北陸新幹線開發的車輛，目前也行駛於上越新幹線。E7系隸屬於JR東日本，W7系隸屬於JR西日本，但基本性能和設計都通用。

由於行經多雪地帶，車頭下方裝有可撥開積雪的「除雪翼」

JR東日本

E8系

■東京～福島～新庄（翼號）　■7節　■時速300km

2024年3月登場的山形新幹線新型車輛。與E3系和E6系一樣，皆可直接駛入在來線。部分區間的最高時速為300km，比E3系還快4分鐘。

注意！ 特等車廂「Gran Class」

比綠色車廂更高等級的車廂，設置在E5系・H5系及E7系・W7系的列車上。用了天然皮革材質的座椅相當舒適，也提供輕食、飲料等服務（部分列車除外）。

第1章　新幹線

山形新幹線的E3系自1997年投入服務至今，已滿25年以上，預計將陸續導入E8系來取代老舊的E3系

新幹線軌道設備的 5個厲害之處！

新幹線為了達到高速運行，在軌道設備上有許多與在來線不同的厲害地方。

新幹線的厲害之處 1
與在來線完全獨立

新幹線是在專用軌道上行走的特殊列車。由於與在來線完全分離，不會受到通勤列車等其他列車運行的影響，可以安全、快速地行駛。

新幹線的厲害之處 2
零鐵路平交道！

新幹線的軌道與所有道路皆為立體交叉，所以不會有平交道。而且大部分的軌道採高架化，行人無法輕易進入軌道內，列車能夠順暢地快速行走。

新幹線的厲害之處 3
以版式軌道居多

在來線大多採用在碎石上鋪設鐵軌的「道碴道」；新幹線則以在混凝土上鋪設鐵軌的「版式軌道」為主流，優點是即便高速行駛，軌道也不容易變形。

能減輕維修作業的負擔也是版式軌道的優點之一

新幹線的厲害之處 4
彎道較為平緩

列車無法在高速行駛的狀態下過彎。若在高速急轉彎，外側會產生強大的離心力，可能導致脫軌。因此新幹線的彎道曲率受到限制，只能設計成較為平緩的彎道。

※新幹線在都市地區也可能會遇到急彎

新幹線與在來線的彎道差異

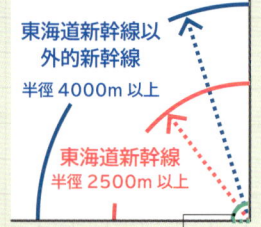

東海道新幹線以外的新幹線 半徑 4000m 以上
東海道新幹線 半徑 2500m 以上
在來線 半徑 160m 以上

在來線的車輛
由於在車站啟動和停車的次數比新幹線多，加速和減速的性能十分優異

新幹線的車輛
透過強大的馬達動力和輕量化設計的車體，達到高速行走的目的

新幹線的厲害之處 5
軌距比在來線寬

左右兩側鐵軌間的距離稱為「軌距」。在來線的軌距是1067mm的「窄軌」，而新幹線是1435mm的「標準軌」（寬軌）。軌距較寬時，車輛能夠承受側風等外力，即使高速行駛也能保持穩定。

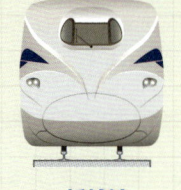

新幹線 標準軌 軌距1435mm　　**在來線** 窄軌 軌距1067mm

26　在來線是指新幹線開通前就已存在的鐵路路線，亦即新幹線以外的JR路線

更多 新幹線不可不知的大小事

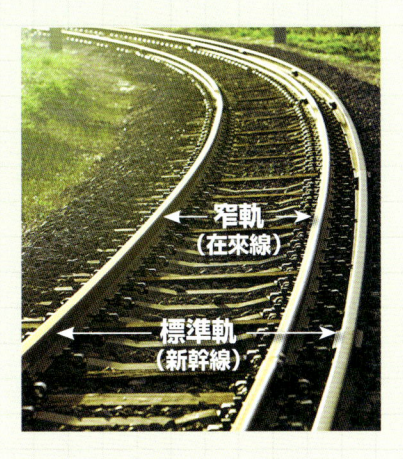

有可以直接駛入在來線的新幹線？

山形新幹線（福島～新庄）和秋田新幹線（盛岡～秋田）跟其他新幹線的最大不同，是將在來線的軌距加寬至與新幹線相同的1435mm，再讓經過特殊設計的車輛駛進新幹線區間，這樣的新幹線被稱為「迷你新幹線」。

窄軌（在來線）
標準軌（新幹線）

迷你新幹線的區間並非新幹線列車專用。在部分路段，還可以看到新幹線和在來線車輛同時運行的「三線軌道」

不會出現在新幹線路段的平交道，卻存在於迷你新幹線的區間。法律上來說，迷你新幹線其實被歸類為在來線而不是新幹線

新幹線的尖銳車頭是為了防止「隧道爆音」？

初期的新幹線列車在高速進入隧道時，隧道內的空氣受到壓縮，並形成名為「隧道微氣壓波」的空氣波，當傳至隧道出口端時會引發「咚」的巨大聲響。如今新幹線的銳利車頭造型，就是為了減少隧道微氣壓波而設計。

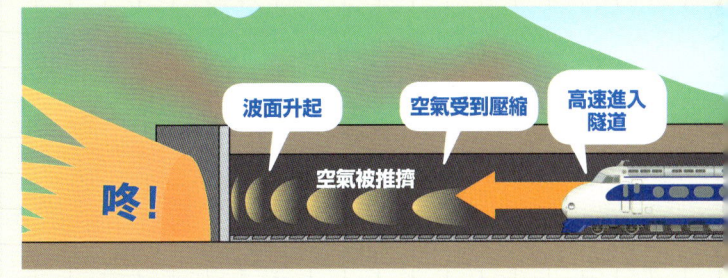

波面升起　空氣受到壓縮　高速進入隧道
空氣被推擠
咚！

此現象也被稱為「隧道爆音」，在1975年山陽新幹線全線通車時曾引起話題

山陽新幹線 500 系。外型以翠鳥的長喙為靈感設計而成，目的是為了降低空氣阻力

北海道新幹線 H5 系。車鼻長達 15m，具有減緩隧道微氣壓波的效果

第1章 新幹線

27

未來的新幹線！
磁浮中央新幹線

注意！　超電導磁浮列車的技術

懸浮・導引線圈

藉由相吸的力量向上拉升

導軌

藉由互斥往上推升

上浮

推進線圈

透過相吸向前推進　透過互斥向前推進

導軌

前進

懸浮・導引線圈

推進線圈

複習

磁鐵的磁極可以分為 N 極和 S 極，異極相互吸引，同極則相互排斥

電流流經線圈使車輛浮起

磁浮列車使用的導軌相當於普通鐵路的軌道，裝有可使車輛浮起的「懸浮・導引線圈」，和讓車輛前進的「推進線圈」。當磁浮列車上的超電導磁鐵接近這些線圈，線圈就會變成電磁鐵，使車體浮起10cm左右。

前進和停止也是透過磁鐵的力量

安裝在車輛上的超電導磁鐵以N極和S極交錯排列。當電流通過導軌上的推進線圈便會產生磁場，與車輛的超電導磁鐵相互作用，產生吸引和排斥的力量，藉此推動車輛前進。若想讓車輛停止，只須反轉N極和S極的方向就能減速。

超電導磁浮列車的試驗車輛

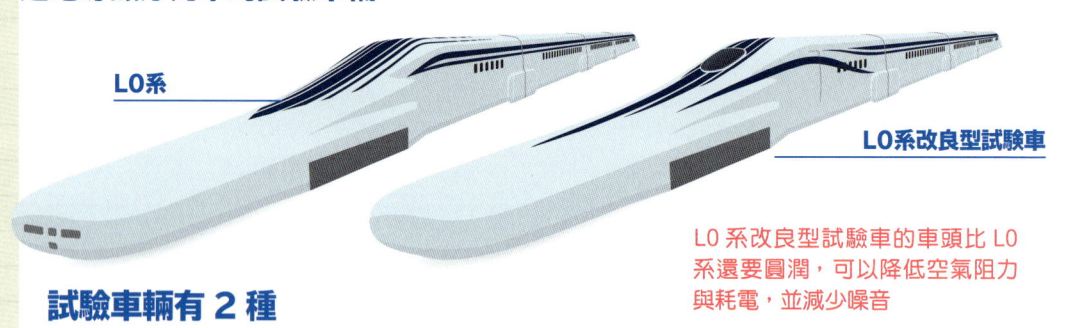

L0系

L0系改良型試驗車

L0 系改良型試驗車的車頭比 L0 系還要圓潤，可以降低空氣阻力與耗電，並減少噪音

試驗車輛有 2 種

山梨縣的磁浮實驗線上，目前有L0系和L0系改良型這2種試驗車在運行。2013年開始試走的L0系，曾載人行駛創下時速603km的紀錄，被金氏世界紀錄認證為「速度最快的磁浮列車」。L0系改良型試驗車即L0系的改進版，自2020年起投入行走測試。

能夠超高速行駛的磁浮列車，在過去曾被稱為是「夢想的交通工具」。為了商業營運的目標，目前建設工程正在進行中。計畫以時速超越500km的異次元速度，將東京和大阪間的運行時間壓縮至1小時左右。

第1章 新幹線

世界上第一條使用超電導的鐵道

說到磁浮列車，其實愛知高速交通的「Linimo」（→P119）等列車皆已導入，但它們採用的是使用普通電磁鐵的常電導方式。另一方面，磁浮中央新幹線則是採用全世界首創的超電導方式（利用特殊的金屬冷卻後，電阻變為零的現象），透過超電導產生的強力電磁鐵，讓車輛懸浮在軌道上行駛。

於山梨縣的磁浮實驗線上試走的 L0 系改良型試驗車

品川～名古屋間全長約285.6km，全線的 86% 都是隧道

在東京都內等首都圈，是使用潛盾機在地面下 40m 的深處挖掘隧道

何時通車？

磁浮中央新幹線完工後，預計品川～名古屋間的最快運行時間為 40 分，品川～新大阪間的最快運行時間為 67 分。由於必須在 3000m 以上群山林立的南阿爾卑斯山正下方建造隧道，施工難度較高。東京～名古屋間原本預計於 2027 年通車，但遭到靜岡縣因擔心隧道建設會減少河川水量而反對等因素，導致該路段的工程延遲。

一般的列車若以 400km 的時速行駛，車輪會開始打滑空轉，因此才研發出利用磁力使車輛懸浮前進的方法

29

N700S「海鷗號」的車輛搬運
新幹線 越過海洋＆陸地前進！

全紀錄

起點
2022年1月6日 17：00左右

日立製作所
笠戶事業所
（山口縣）

航行於海上的「海鷗號」

N700S 被放置在沒有屋頂設備的簡易平底載貨船上，航行於瀨戶內海和玄界灘等海域。由船隻根據潮流和風向來拖曳移動，朝著目的地川棚港前進。

1月9日 10：00左右

歷經 3 天的海上運輸終於上陸！

抵達川棚港後，利用大型起重機將「海鷗號」吊起並卸到陸地，為接下來的陸路運輸做準備。重達 20t 的巨大車輛被吊起的畫面，令人嘆為觀止。

剛在車輛工廠製造完成的西九州新幹線全新車輛，於2022年1月被運送至車輛基地。以下是全程的跟拍過程。

N700S「海鷗號」的運送路線

玄界灘　山口縣　瀨戶內海　川棚港　武雄溫泉　福岡　佐賀　**起點** 日立製作所笠戶事業所　**終點** 大村車輛基地　長崎縣　長崎　熊本

第1章　新幹線

1月10日 2：00左右

海陸聯手的大工程！

由於新幹線的車體比在來線大，無法利用在來線的鐵軌來進行運送。因此在工廠製造完成的新幹線新車，得先透過船隻搬運至車輛基地附近的港口，再從港口經由一般道路進行陸路運輸。陸地上的運送會選在交通量較少的深夜時段，將車輛放在特製的台車上，再由大型拖車負責牽引。

奔馳在深夜道路上的「海鷗號」

「海鷗號」被放置在道路搬運用的台車上，由大型拖車牽引著前進。車體長達27m，轉彎都是一大挑戰。為避免發生事故，沿途必須謹慎緩慢地行駛。

1月10日 2：30左右

終　點

大村車輛基地
（長崎縣）

31

守護新幹線安全 夢幻的黃色新幹線「Doctor Yellow」

確保新幹線安全

支撐新幹線安全的人氣車種即將引退！

「Doctor Yellow」是為了守護東海道・山陽新幹線的安全而開發的車種，正式名稱為「新幹線電氣軌道綜合試驗車」。配備有高科技機器，能在行駛的同時檢測軌道、架線的狀況以及電氣設備、號誌機等設施的狀態。最高時速為270km，因此不會妨礙營業列車的運行。

「Doctor Yellow」共有2列編組，分別是JR東海旗下的「T4編組」和JR西日本旗下的「T5編組」，約每隔10天運行一次。自投入服務以來已超過20年，車體逐漸老朽，因此T4編組已經在2025年1月退役，T5編組也將於2027年後引退。

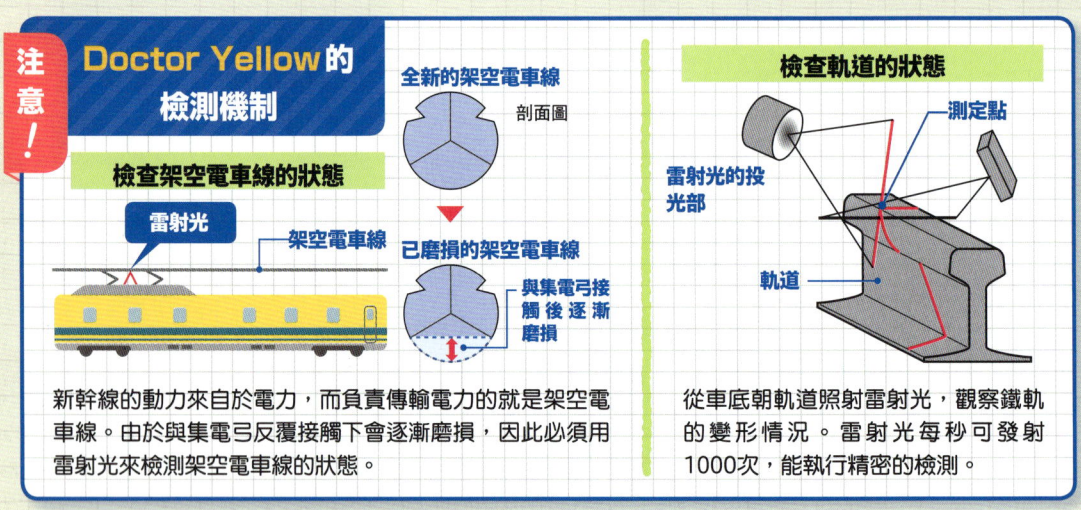

注意！ Doctor Yellow 的檢測機制

檢查架空電車線的狀態

雷射光｜架空電車線

全新的架空電車線（剖面圖）

已磨損的架空電車線：與集電弓接觸後逐漸磨損

新幹線的動力來自於電力，而負責傳輸電力的就是架空電車線。由於與集電弓反覆接觸下會逐漸磨損，因此必須用雷射光來檢測架空電車線的狀態。

檢查軌道的狀態

測定點｜雷射光的投光部｜軌道

從車底朝軌道照射雷射光，觀察鐵軌的變形情況。雷射光每秒可發射1000次，能執行精密的檢測。

各車廂的主要功能

新大阪 ← **1號車** 電力・通訊・號誌相關的測定 | **2號車** 電氣相關的測定 | **3號車** 觀測圓頂・電力數據室

黃色新幹線擔任「新幹線醫生」，負責檢測軌道等各種設備，由於運行的時間和路線皆不對外公開，所以傳說「只要看到就能帶來幸運」，相當受到喜愛。接下來就來看看它工作的模樣吧。

第1章 新幹線

Doctor Yellow 的前照燈下方裝有監測鐵軌的鏡頭

還有這樣的夥伴唷

JR東日本的檢測車輛
新幹線電氣軌道綜合試驗車
「East i」

與Doctor Yellow一樣，負責檢測軌道、架線等各種設施。行駛JR東日本包含迷你新幹線在內的所有新幹線區間，也會運行至與JR東日本直通的北海道新幹線、北陸新幹線的JR西日本區間，涵蓋的範圍相當廣。列車是以E3系為基礎所開發，能適應雪地和坡道地形。

3號車和5號車設有「觀測圓頂」，用來檢查集電弓和架線的狀態。圓頂內配備相機，可於事後確認拍攝的影像

4號車的「軌道檢測室」內，有一整排檢測軌道變形狀況的機器。測定結果會顯示在螢幕上，因此能即時進行確認

4號車｜軌道檢測室・設施數據整理室
5號車｜觀測圓頂・休憩室
6號車｜電力相關的測定機器・會議室
7號車｜號誌的測定・隨車乘務員室
➡ 東京

33

新幹線的關鍵字

可能會於鐵道相關的報章雜誌中看到這些詞彙,以下來複習一下與新幹線有關的關鍵字。

1
4小時之壁

若移動時間低於4小時,新幹線(鐵道)較具優勢;當超過4小時,乘客便會傾向選擇飛機。雖然搭飛機只需1小時左右,但前往機場的交通、安檢等都得耗費時間,因此4小時被視為是一個基準。在這樣的情況下,新幹線必須一直致力提升運行的速度。

2
列車自動控制裝置(ATC)

根據與前方列車的間距和車站狀況,在控制台上顯示出適當的行駛速度,若超過該速度,將啟動自動剎車的功能。系統會先將鐵道路線劃分成若干個區間,再依照每個區間調整速度以防止事故。在高速運行的狀態,駕駛員難以靠肉眼確認號誌,因此才導入此安全裝置。

3
整備新幹線

根據「全國新幹線鐵道整備法」,日本在1973年決定了5個區間的整備計畫,依序為北海道新幹線(青森市~札幌市)、東北新幹線(盛岡市~青森市)、北陸新幹線(東京都~大阪市)、九州新幹線鹿兒島路線(福岡市~鹿兒島市)、九州新幹線長崎路線(福岡市~長崎市)。計畫以當時已在營運中(或建設中)的新幹線為基礎,繼續將新幹線的網路拓展至各地並促進地區產業發展。目前這些區間大多皆已通車營運。

4
並行在來線的問題

所謂的並行在來線,是指與整備新幹線並行的在來線。對JR來說,同時經營新幹線和並行在來線是很大的負擔,因此原則上當新幹線通車時,並行在來線的營運會被分離出去。之後相繼改由第三部門鐵道接手,但由於沿線人口逐漸減少,經營狀況也日趨嚴峻。

5
分割、併結

1台列車分成2台以上不同目的地之列車,稱為「分割」;將2台以上的列車連結成1台,則稱為「併結」。新幹線的併結有東京~福島間的「東北新幹線E5系+山形新幹線E3系、E8系」、東京~盛岡間的「東北新幹線E5系+秋田新幹線E6系」,可於福島站和盛岡站見到分割、併結作業的畫面。

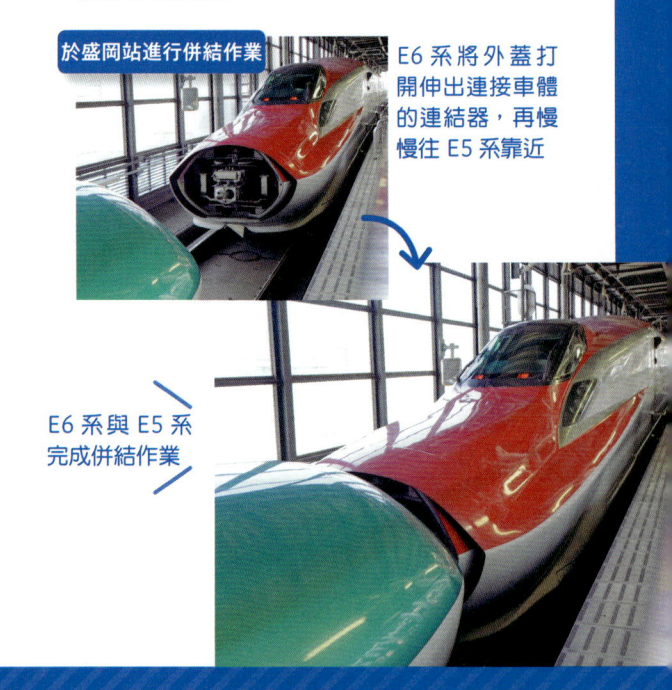

於盛岡站進行併結作業

E6系將外蓋打開伸出連接車體的連結器,再慢慢往E5系靠近

E6系與E5系完成併結作業

第2章

特急列車

接下來探究用於商務或旅行等的特急列車有什麼祕密吧。

JR線特急列車網路

連結全日本各地的

1. 宗谷・佐呂別㊵
   札幌・旭川〜稚內
2. 鄂霍次克・大雪㊵
   札幌・旭川〜網走
3. 十勝
   札幌〜帶廣
4. 大空
   札幌〜釧路
5. 神威・丁香㊵
   札幌〜旭川
6. 鈴蘭
   札幌〜東室蘭・室蘭
7. 北斗㊶
   札幌〜函館
8. 超級津輕・津輕㊶
   秋田〜青森
9. 稻穗㊶
   新潟・酒田・秋田
10. 白雪㊶
    新井・上越妙高〜新潟
11. 日光・鬼怒川㊸
    新宿〜東武日光・鬼怒川溫泉
12. 常陸・常磐㊸
    品川・上野〜勝田・高萩・磐城・仙台等
13. 赤城
    新宿・上野〜本庄・高崎
14. 草津・四萬㊸
    上野〜長野原草津口
15. 成田特快㊷
    大船・新宿〜成田機場
16. 潮騷
    東京〜成東・銚子
17. 細波㊸
    東京〜君津
18. 若潮㊸
    東京〜勝浦・安房鴨川等
19. 八王子・青梅
    東京〜八王子・青梅
20. 甲斐路・富士回遊
    東京〜新宿〜甲府・龍王・河口湖
21. 梓・富士回遊㊷
    千葉・東京・新宿〜松本・南小谷・河口湖
22. 湘南
    東京〜新宿〜小田原等
23. SAPHIR踊子・踊子㊷
    新宿・東京〜伊豆急下田・修善寺等
24. 富士山㊸
    新宿〜御殿場
25. 富士川㊹
    靜岡〜甲府
26. 伊那路
    豐橋〜飯田
27. 信濃㊹
    名古屋〜長野
28. 飛驒㊹
    名古屋〜大阪・高山・富山等
29. 南紀
    名古屋〜新宮・紀伊勝浦
30. 白鷺㊹
    名古屋・米原〜敦賀
31. 能登篝火・花嫁暖簾
    金澤〜七尾・和倉溫泉
32. 樂樂大和
    新大阪〜奈良
33. 樂樂播磨
    京都〜網干
34. 樂樂琵琶湖
    米原・草津〜大阪
35. 雷鳥㊹
    大阪〜敦賀
36. 遙㊺
    野州・草津・京都〜關西機場
37. 黑潮㊺
    京都・新大阪〜白濱・新宮等
38. 濱風
    大阪〜豐岡・城崎溫泉・香住・鳥取
39. 超級白兔㊺
    京都・大阪〜鳥取・倉吉
40. 白鶴
    新大阪〜福知山・城崎溫泉等
41. 橋立・丹後接力
    京都・福知山〜天橋立・豐岡等
42. 舞鶴
    京都〜東舞鶴
43. 城崎
    京都・福知山・城崎溫泉等
44. 超級因幡
    岡山〜鳥取
45. 八雲㊺
    岡山〜出雲市
46. 超級隱岐・超級松風
    鳥取〜益田・新山口等
47. 日出雲・日出瀨戶㊱
    東京〜出雲市・高松
48. 劍山㊻
    德島〜阿波池田
49. 室戶
    德島〜牟岐・阿波海南

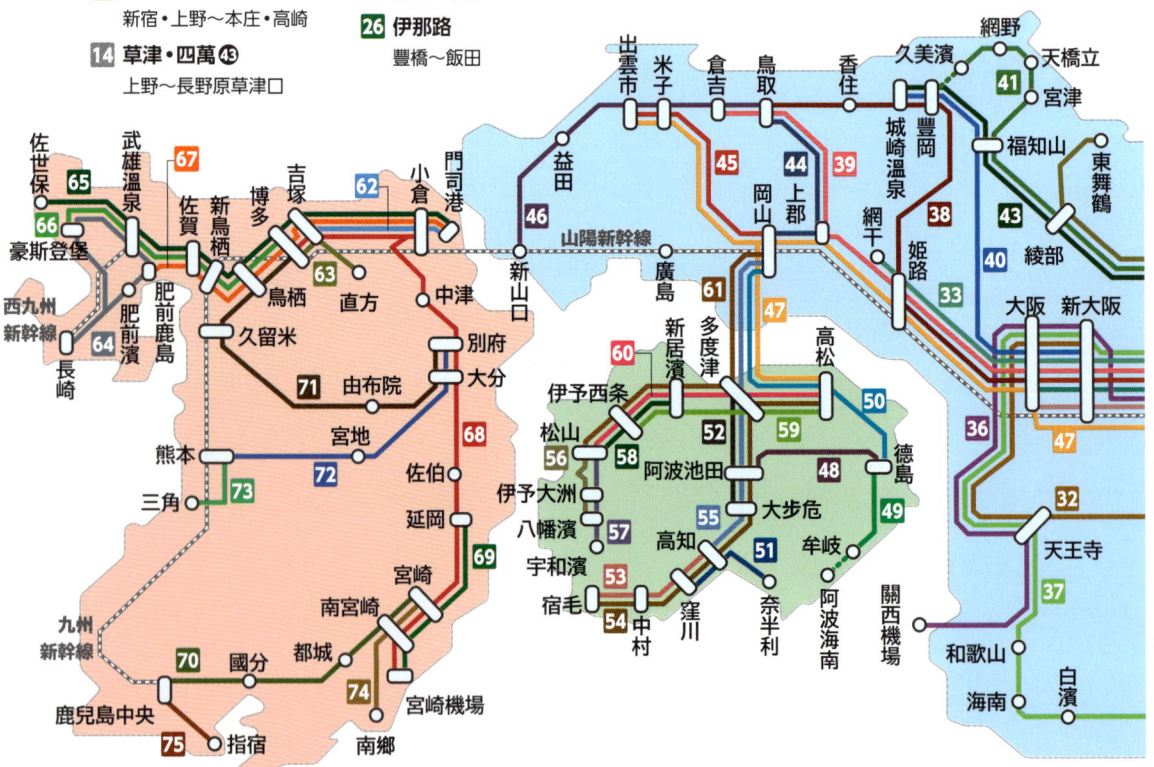

36 🚆 運行於博多〜宮崎機場間（路線總長411.5km）的特急「日輪喜凱亞號」，是JR旗下行走距離最長的特急列車（夜行列車除外）

※也包含直接駛入私鐵、第三部門鐵道的列車。　※部分的臨時列車、周遊列車除外。
※列車名稱後的圓圈數字，代表本書中提及的頁面編號。

以下JR特急列車與新幹線相連，並連結至日本全國各主要城市。在新幹線未通行的地區，有許多特急列車運行其間。

50 渦潮
岡山・高松〜德島

51 志國土佐時代黎明物語
高知〜窪川・高知〜奈半利

52 四國真中千年物語
多度津〜大步危

53 足摺
高知〜中村・宿毛

54 四萬十
高松〜高知・宿毛

55 南風 ㊻
岡山〜高知

56 伊予灘物語
松山〜伊予大洲・八幡濱

57 宇和海
松山〜宇和島

58 Morning EXP 松山
新居濱〜松山

59 Morning EXP 高松
伊予西條〜高松

60 石鎚 ㊺
高松〜松山等

61 潮風 ㊺
岡山〜伊予西條・松山

62 閃耀
門司港・小倉〜博多

63 魁皇
直方〜博多

64 雙星4047 ⑪
武雄溫泉〜長崎

65 接力海鷗號 ㊼
門司港・博多〜武雄溫泉

綠
博多〜佐世保

66 豪斯登堡 ㊼
博多〜豪斯登堡

67 喜鵲
門司港・博多〜佐賀・肥前鹿島

68 音速 ㊼
博多〜大分・佐伯

日輪・日輪喜凱亞
博多〜大分・宮崎機場等

69 日向
延岡〜宮崎・宮崎機場等

70 霧島 ㊼
宮崎・國分〜鹿兒島中央

71 由布院之森・由布 ㊼
博多〜由布院・別府等

72 九州橫斷特急・阿蘇・阿蘇男孩・翡翠山翡翠 ⑪
熊本〜宮地・別府

73 坐A列車去吧
熊本〜三角

74 海幸山幸
宮崎〜南鄉

75 指宿之玉手箱
鹿兒島中央〜指宿

第2章 特急列車

鐵道界 瀕臨絕種的 臥鋪列車
特急「日出瀨戶・出雲號」

包廂、座位共有6種

過去臥鋪列車曾運行於日本各地，但現在每天行駛的定期夜行列車只剩下「日出瀨戶・出雲號」。下行列車從東京並結行駛到岡山，抵達岡山後，「日出出雲號」往出雲市繼續行駛，「日出瀨戶號」則前往高松。這台列車的厲害之處，在於擁有5種不同類型的包廂，連住宅建商也參與了其中的設計，打造出如飯店般的舒適感。除了包廂外，還有鋪著地毯的「Nobinobi座席」，可以平躺下來休息放鬆。

採用7節車廂編組的285系列車，以朝霞、晨霧為意象的紅米配色很引人注目

車內也設有可供所有乘客使用的休憩室

單人房

走道　**Nobinobi座席**

5號車
設有28個不需另付臥鋪費用的「Nobinobi座席」，以及2間個人包廂「單人房」。車底和天花板安裝著行駛所需的機器。

Nobinobi座席
上面鋪著地毯的通鋪式個人床位，分為上下兩層，座席間設有隔板，走道側有窗簾。不需另付臥鋪費

← 出雲市

1號車	2號車	3號車
單人房・單人雙床房	單人房・單人雙床房	普通單人房・休憩室・淋浴間

38

車內設有床位的臥鋪列車，是喜愛旅行的人會相當嚮往的車種。特急「日出瀨戶・出雲號」是日本唯一每天行駛的臥鋪列車，提供多種不同類型的臥鋪設施。接下來將針對1～7號車的「日出出雲號」做介紹。

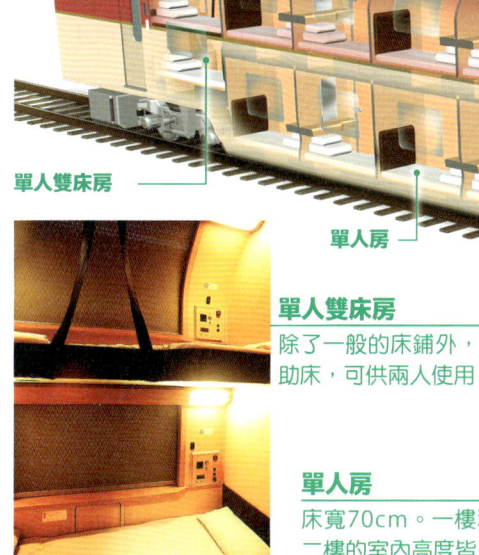

第2章 特急列車

單人雙床房

單人房

單人雙床房
除了一般的床鋪外，還有折疊式的輔助床，可供兩人使用

單人房
床寬70cm。一樓和二樓的室內高度皆為1.8m左右，空間十分充裕

1・7號車
由19間標準個人包廂「單人房」，以及1間可供兩人使用的「單人雙床房」構成。從二樓的單人房還可透過車窗欣賞星空。

豪華單人房

走道

日出雙人房

豪華單人房
床寬85cm，空間比「單人房」來得寬敞。室內還備有洗面台和書桌

日出雙人房
室內並排著兩張床，空間大小與「豪華單人房」相同。床寬75cm

4號車
二樓為「日出出雲號」中最高級的個人包廂「豪華單人房」，共有6間。一樓有4間兩人包廂「日出雙人房」。

4號車	5號車	6號車	7號車	
豪華單人房・日出雙人房・淋浴間（豪華單人房專用）	Nobinobi座席・單人房	單人房・單人雙床房	單人房・單人雙床房	→ 東京

🚃 由於「單人豪華房」和「日出雙人房」的數量較少，是一開賣就會售完的熱門房型

39

> 從北海道到九州

JR特急列車型錄

① 北海道・東北

■運行區間　■基本編組　■所需時間(最快)

特急列車的魅力在於速度比普通列車更快，而且座椅寬敞舒適。每個地區都有獨具特色的列車運行，接下來就來看看吧！

JR北海道
宗谷・佐呂別

- ■札幌・旭川～稚內
- ■Kiha261系4節
- ■5小時12分（札幌～稚內）

札幌～稚內間運行的是「宗谷號」，旭川～稚內間行駛的是「佐呂別號」。使用的車輛為Kiha261系，內外裝是由JR北海道和丹麥國鐵共同設計而成。

稚內是「宗谷號」和「佐呂別號」的終點站，也是日本最北端的車站

JR北海道
神威號

- ■札幌～旭川　■789系1000番台5節
- ■1小時25分

連結北海道的兩大城市——札幌和旭川。使用車輛為789系1000番台，銀色車身上有綠色、紫色、黑色的線條裝飾。

JR北海道
鄂霍次克號・大雪號

- ■札幌・旭川～網走　■Kiha283系3節
- ■5小時20分（札幌～網走）

札幌～網走間運行的是「鄂霍次克號」，旭川～網走間行駛的是「大雪號」。車頭的側面貼著印有沿線各地名勝的貼紙。

40　行走於札幌～旭川間的特急列車有「神威號」和「丁香號」2種。「神威號」使用的車型是789系1000番台，「丁香號」是789系0番台

JR北海道

北斗

- ■札幌～函館　■Kiha261系1000番台5節
- ■3小時46分

可於途中新函館北斗站與北海道新幹線銜接的主力特急列車。車身以象徵雪國的白色為基礎，搭配代表北海道盛開的薰衣草和丁香花的紫色線條，車頭則點綴著鮮明的黃色。

部分編組的綠色車廂（1號車）採用藍色的皮革座椅，能讓人徹底放鬆休息

第2章　特急列車

JR東日本

超級津輕號・津輕號

- ■秋田～青森　■E751系4節
- ■2小時31分

經由奧羽本線連結秋田和青森，為本州最北端的特急列車。「超級津輕號」屬於速達列車，停靠站比「津輕號」來得少。E751系原本是作為東北本線的特急「初雁號」所使用。

JR東日本

稻穗號

- ■新潟～酒田・秋田
- ■E653系4節・7節
- ■3小時35分（新潟～秋田）

使用車輛是由E653系翻新而成，原本服務於常磐線的特急「Fresh常陸號」（主要行駛上野～磐城間）。可透過車窗欣賞日本海沿岸的美麗風光。

JR東日本

白雪號

- ■新井・上越妙高～新潟　■E653系4節
- ■1小時50分（上越妙高～新潟）

連結新潟縣內各主要城市，並可於上越妙高站與北陸新幹線相連接。車身設計以列車名「白雪號」的白色為基調，搭配日本海的藍色與夕陽的朱紅色。

特急「稻穗號」的綠色車廂，座位空間比其他特急列車來得寬敞，因「舒適度極高」引發話題

JR特急列車型錄

② 關東

■運行區間　■基本編組　■所需時間(最快)

JR東日本
SAPHIR踴子號
■東京・新宿～伊豆急下田　■E261系8節
■2小時29分（東京～伊豆急下田）

從東京開往伊豆方向的度假特急列車。全車皆為綠色車廂，有提供舒適空間的頂級綠色車廂及綠色包廂，還有由名廚監製菜單的用餐空間。

頂級綠色車廂是比綠色車廂更高等級的車廂。車內僅配置20個可調整椅背傾斜度的皮革座椅，營造出高級感。

JR東日本
成田特快
■大船・新宿～成田機場　■E259系12節
■1小時47分（大船～成田機場）

前往成田機場的特急列車。2024年春天剛更新車輛設計，在車頭前方等處加入以銀色為基調的配色。

車內設有行李架，甚至還配備密碼鎖

JR東日本
梓號
■新宿・東京・千葉～南小谷・松本　■E353系9節
■2小時29分（新宿～松本）

經中央本線和篠之井線，主要行駛於新宿～松本間。由於沿途彎道多，因此採用導入空氣彈簧式車體傾斜裝置（➡P46）的E353系運行。

基本上採用「9節+3節」的12節編組，有時也會在中途站分割成2台列車

42　「SAPHIR踴子號」的側面上方設有天窗。當陽光透過天窗灑落進來，能感受到戶外般的氣氛

JR東日本
常陸號・常磐號

- ■品川・上野～土浦・勝田・高萩・磐城・仙台
- ■E657系10節 ■4小時40分（品川～仙台）

運行於常磐線上的特急列車，「常磐號」主要行駛上野～勝田・高荻之間；「常陸號」行駛品川～磐城・仙台之間。E657系車窗下方的紅梅色線條，就是源自沿線水戶偕樂園的梅花。

也有部分列車採復刻塗裝，重現曾在常磐線上運行的E653系「Fresh常陸號」

JR東日本
細波號・若潮號

- ■東京～君津／東京～勝浦・安房鴨川
- ■E257系5節
- ■1小時52分（東京～安房鴨川）

連結首都圈與房總半島的特急列車，使用車型為E257系。所有座位都是對號座，靠窗座位設有插座。

JR東日本
草津號・四萬號

- ■上野～長野原草津口 ■E257系5節
- ■2小時18分（上野～長野原草津口）

往吾妻線方向行駛的特急列車，沿途行經草津溫泉、四萬溫泉、伊香保溫泉等溫泉勝地。車輛是由E257系改造而成，之前曾作為「細波號」、「若潮號」等列車使用。

JR東日本
日光號・鬼怒川號

- ■新宿～東武日光・鬼怒川溫泉
- ■253系6節
- ■1小時56分（新宿～東武日光）／
  2小時5分（新宿～鬼怒川溫泉）

前往人氣觀光景點日光・鬼怒川溫泉方向的特急列車。以新宿為起點行駛於東武鐵道上，其中的「日光號」運行新宿～東武日光間，「鬼怒川號」運行新宿～鬼怒川溫泉間。

前方的LED車頭銘板上，也有英文、韓文等多國文字

特急「日光號・鬼怒川號」所使用的253系，是翻新自曾活躍於特急「成田特快」的253系200番台

第2章 特急列車

43

JR特急列車型錄

■運行區間 ■基本編組 ■所需時間(最快)

③ 中部・近畿・中國

綠色車廂的座椅設計以沿線的新綠、河川和黃昏為意象，極具美感

JR東海
飛驒號
- ■名古屋・大阪～高山・富山
- ■HC85系4節・6節
- ■3小時49分（名古屋～富山）

經由高山本線前往飛驒地區的特急列車。HC85系是採用引擎發電及蓄電池供電的混合動力車輛，行駛時比傳統的氣動車來得安靜。

JR東海
信濃號
- ■名古屋～長野 ■383系6節 ■2小時56分

為適合行駛於陡坡、彎道多的中央本線所開發的擺動式傾斜列車（→P46）。往長野方向的車頭，設有可飽覽前方景觀的全景綠色車廂。

JR東海
富士川號
- ■靜岡～甲府 ■373系3節
- ■2小時14分

373系的特色是擁有大型車窗，能欣賞富士山和富士川的壯麗景色。除了可調整椅背傾斜度的雙人座位外，也有能容納4人的半包廂座位。

JR西日本・JR東海
雷鳥號・白鷺號
- ■大阪～敦賀／名古屋・米原～敦賀 ■681系・683系9節（白鷺號為6節） ■1小時36分（名古屋～敦賀）

負責連接北陸地區，可於敦賀站銜接北陸新幹線。以大阪・京都方向為起點的是「雷鳥號」，以名古屋方向為起點的是「白鷺號」。

「雷鳥號」的車身側面只有藍色的線條，「白鷺號」則多加了一道橘色線條（部分車輛除外）

44　「飛驒號」內的車廂通道，規劃成美濃和紙等沿線地區傳統工藝品的展示空間

JR西日本
HARUKA
- 野洲・草津・京都～關西機場 ■281系・271系9節
- 1小時44分（野洲～關西機場）

連結關西國際機場的特急列車。271系自2020年開始投入服務，目前運行中的大多數列車皆為塗上「Hello Kitty」彩繪圖案的「Hello Kitty HARUKA」。

車廂內設有可置放大型行李的空間

第2章 特急列車

© 2024 SANRIO CO., LTD. APPROVAL NO. L652803

JR西日本
黑潮號
- 京都・新大阪～白濱・新宮 ■283系・287系・289系6節
- 4小時15分（新大阪～新宮）

連結京都・大阪方向與南紀地區的特急列車。目前有部分列車與沿線白濱的「冒險大世界遊樂園」合作，推出彩繪列車「熊貓黑潮號」。

「熊貓黑潮號」的座椅套，是以冒險大世界遊樂園的熊貓為主題的原創設計

JR西日本・智頭急行
超級北斗號
- 京都・大阪～鳥取・倉吉
- HOT7000系5節
- 3小時37分（京都～倉吉）

可直接駛入智頭急行線，連結京都・大阪和山陰地區的特急列車。使用的車輛HOT7000系是擺動式氣動車，「HOT」即兵庫（Hyogo）、岡山（Okayama）、鳥取（Tottori）三地的首字母縮寫。

可於流線型的車頭，隔著駕駛座欣賞前方的賞景視野

JR西日本
八雲號
- 岡山～出雲市
- 273系4節 ■2小時57分

連結山陽地區和山陰地區的陰陽聯絡特急列車。2024年4月登場的273系採用最新的控制型自然擺動式，大幅提升了搭乘的舒適性。

也備有2人用和4人用的半包廂座位，很適合團體旅客利用

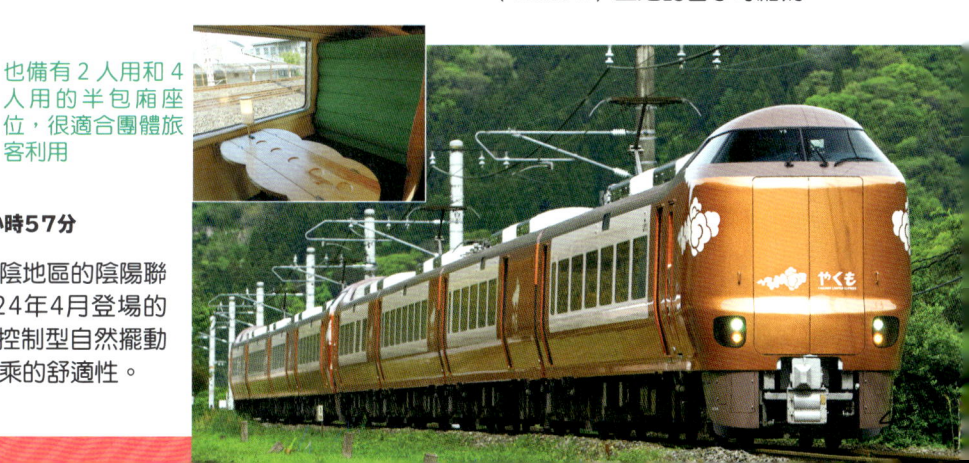

JR特急列車型錄
④ 四國・九州

■運行區間　■基本編組　■所需時間(最快)

JR四國
南風號
- ■岡山～高知　■2700系3節・4節
- ■2小時24分

連結岡山與高知的特急列車，中途會行經橫跨瀨戶內海的瀨戶大橋和土讚線的溪谷地帶。使用車輛為控制型自然擺動式的2700系氣動車。

一路穿過吉野川沿岸的溪谷

JR四國・JR西日本
潮風號・石鎚號
- ■岡山～伊予西条・松山／高松～松山
- ■8000系3節（部分為5節）・8600系2～4節
- ■2小時38分（岡山～松山）

行駛予讚線的特急列車，以岡山為起訖站的是「潮風號」，以高松為起訖站的是「石鎚號」。運行車輛有2種，分別是控制型自然擺動式的8000系，和空氣彈簧式的8600系（照片）。

JR四國
劍山號
- ■德島～阿波池田　■Kiha185系2節・4節
- ■1小時13分

列車名稱源自德島縣的劍山（1955m）。使用車輛為Kiha185系氣動車，由JR四國成立前的日本國鐵所開發製造。

注意！ 過彎時車體會向內側傾斜!?

當列車高速通過彎道時，受到往彎道外側的離心力影響，車廂會大幅搖晃。為了在高速行駛下也能平順過彎，有些列車會採用「車體傾斜裝置」，讓車體向內側傾斜以抵銷離心力。車體傾斜裝置有擺動式和空氣彈簧式等類型。

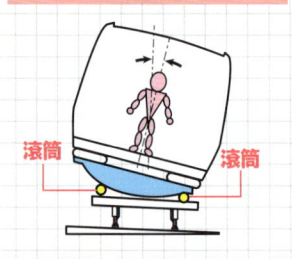

擺動式：滾筒

於車體和轉向架間放置滾筒，當經過彎道時，車體在離心作用下，會像鐘擺一樣地傾斜。

空氣彈簧式：空氣彈簧

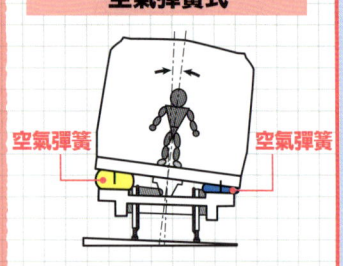

於車體和轉向架間安裝空氣彈簧，透過調整彈簧的氣壓改變左右兩側的高度，使車體傾斜

擺動式雖然方便，但製造成本較高；空氣彈簧式的傾斜角度雖然不及擺動式，但可降低成本

JR九州
接力海鷗號

- ■門司港・博多～武雄溫泉
- ■787系8節・885系6節
- ■1小時（博多～武雄溫泉）

負責連結博多方向的接力特急列車，可於武雄溫泉站銜接西九州新幹線。885系（照片）的普通車廂和綠色車廂內皆為皮革座椅（部分為布面）。

JR九州
音速號

- ■博多～大分・佐伯 ■883系7節・885系6節
- ■2小時1分（博多～大分）

運行於九州東海岸日豐本線的特急列車。車型有885系（白色音速號）和883系（藍色音速號／照片）兩款，皆採用擺動式的車體傾斜裝置。

JR九州
霧島號

- ■宮崎・國分～鹿兒島中央 ■787系4節
- ■2小時2分

行駛於日豐本線南九州地區的特急列車。787系擁有深灰色的車身及讓人印象深刻的車頭，也被運用在特急「日輪號」（大分～佐伯・宮崎）等列車。

JR九州
豪斯登堡號

- ■博多～豪斯登堡 ■783系4節
- ■1小時44分

連結九州最大的交通樞紐「博多」與人氣觀光景點「豪斯登堡」。車身的主色調為橘色，車內則是木質調的裝潢。

JR九州
由布院之森號

- ■博多～由布院・別府 ■Kiha70形・71形4節・Kiha72形5節 ■2小時11分（博多～由布院）

連結久大本線沿線的湯布院等地。使用車型有Kiha70型・71型（由布院之森一世）和Kiha72型（同三世／照片）3款，且皆為高底盤車廂。

第2章 特急列車

「由布院之森號」廣受觀光客歡迎。車內設有自助餐廳，能買到使用當地食材製作的便當和特產品

令人憧憬的鐵道之旅！

搭乘豪華列車巡遊的
郵輪式列車

1號車是可作為用餐或交流空間使用的「交誼車廂」，有拱型天花板、花紋地板等精美的細部裝飾

車內還設有鋪著榻榻米的茶室，可體驗現泡日本茶的「款待」服務

JR九州
九州七星號

2013年推出的日本首輛郵輪式列車。由專用機車牽引7節車廂，一路巡訪九州各地。運用木材的溫潤質感打造的車內裝潢，宛如就是一件藝術品。

JR東日本
TRAIN SUITE 四季島

主要運行於關東・東北的JR東日本區域，部分路線甚至延伸至北海道。車內裝潢則使用了木材、和紙等傳統素材，營造出充滿現代感的氛圍。

這輛列車中最頂級的「四季島套房」採雙層設計，2樓為鋪著榻榻米的和室，並設置下嵌式暖桌風格的桌子

48　「九州七星號」的內裝採用木材削成薄片後貼合在鐵板上的方式，外觀看起來是木材，但其實不容易燃燒

郵輪式列車與以快速移動為目的之特急列車不同，配備有如飯店般的高級客房與觀景車廂，在車內住宿的同時，也能享受極致的鐵道之旅。以下就為大家介紹日本具代表性的郵輪式列車。

東急・伊豆急行
THE ROYAL EXPRESS

搭配伊豆半島的觀光行程，主要往返於橫濱～伊豆急下田間。另外也推出「特別運行」，例如夏天前往北海道、冬天前往四國。車內並無臥鋪，因此需入住各地的飯店。

車輛設計出自也曾經手「九州七星號」的水戶岡銳治，以大量運用木質材料的內裝為特色

注意！
餐廳列車

全日本各地都有「餐廳列車」運行，能在車內吃到以沿線食材烹調的料理。一邊欣賞美景一邊品嚐美食，實為極致的奢華享受。

「東北EMOTION號」是行駛於JR八戶線上的熱門餐廳列車，可同時享受東北地區的美食和絕景。車身設計成以義大利餐廳為意象的石砌圖案，風格獨具

第2章 特急列車

還有這樣的夥伴唷

JR北海道的觀光列車「紅星」、「藍星」

將於2026年春天運行

由原本用於通勤、通學的Kiha143型氣動車，改造成兩台觀光列車。目前也考慮改成郵輪式列車，行駛於乘客較少的北海道地方路線，飽覽綠意盎然沿線風光。

紅星
有包廂座位和半包廂座位，預計主要在釧網本線（釧路～網走）運行

藍星
設有對坐座位和觀景座位，預計主要在富良野線（旭川～富良野）運行

駕駛室在哪兒？

小田急浪漫特快「GSE」

駕駛室
氛圍與新幹線的駕駛室類似。室內高度約1m，因此駕駛員必須坐著執行業務。座椅可配合駕駛員的體格前後滑動調整。

觀景席
在1號車和7號車的兩端，各設有16個座位。為了讓乘客能飽覽壯觀的景色，除了使用一整片的大型玻璃，還在座椅的配置與支柱造型費了一番工夫。

桌板的大小約可放置A4尺寸的筆電，扶手的下方還有插座

客車
座椅的寬度為475mm，坐起來寬敞舒適。座位下方設有行李的收納空間（部分座位除外），1號車和7號車則取消座位上方的行李架。

50

70000型「GSE」是小田急浪漫特快的最新車型。最大的魅力在於7節編組最前端車廂的觀景座位，廣受各年齡層的喜愛。接下來就來看看車頭的構造吧！

可享受全景視野的人氣列車

第2章 特急列車

小田急電鐵的70000型是2018年登場的特急專用車輛。暱稱「GSE」為「Graceful Super Express」的縮寫，其中的「Graceful」有「優雅」之意。列車頭尾兩端的車廂皆設有觀景座位。駕駛座在2樓，因此從觀景座位能欣賞到前方的全景風景。主要作為新宿～箱根湯本間的特急列車「箱根號」使用，在造訪溫泉勝地──箱根的旅客間極具人氣。

行李放置區
考量到外國觀光客需攜帶大型行李的便利性，於車廂邊規劃有放置大尺寸行李箱的空間。

車體設計
車身以玫瑰色為基調的「朱紅色」為基礎，並在側面加上過去曾用於浪漫特快列車的「紅橙色」線條。

將駕駛室設在2樓，並於編組的兩端車廂規劃觀景座位

注意！

駕駛員要怎麼進入駕駛室？

觀景座位的後方有個通往駕駛室的出入口，展開伸縮梯後就能進入駕駛室。駕駛員只要使用出入口旁的乘務員專用門，即可迅速離開車輛。

1. 用鑰匙打開出入口
2. 取出梯子
3. 放下梯子
4. 爬上梯子前往駕駛室

「浪漫特快」是小田急電鐵特急列車的代名詞，這個暱稱從1950年左右就開始使用至今

51

> 人氣列車大集合

■運行區間 ■車廂數 ■所需時間(最快)

私鐵特急列車型錄

① 關東

私鐵也有營運各式各樣的付費特急列車，例如設計極具特色或設備充實完善的車輛。以下將從中挑選，介紹目前活躍於大型私鐵的人氣列車。

西武鐵道

001系「Laview」

■池袋～飯能・西武秩父 ■8節
■1小時17分（池袋～西武秩父）

車體為銀色，特徵是圓潤的車頭。客車的窗戶很大，一直延伸至就坐的膝蓋位置，能欣賞壯觀的景色。

鮮黃色的座椅採用沙發般的設計，能將腰部完整包覆支撐

車身側面印有「NEW RED ARROW（NRA）」的Logo和紅色線條

西武鐵道

10000系「New Red Arrow」

■西武新宿～本川越 ■7節 ■44分

1993年第2代的Red Arrow正式亮相，取代自1969年就投入服務的特急「Red Arrow」。目前行駛於西武新宿線的特急「小江戶號」。

京成電鐵

AE形「Skyliner」

■京成上野～成田機場 ■8節 ■43分

連結東京都心與成田機場的機場特急列車。時速高達160km，是除了新幹線以外全日本速度最快的列車。充滿速度感的車輛設計也很引人注目。

車廂通道與客室間設有寬敞的行李放置區

京成電鐵與新幹線的軌距同為1435mm（→P26），因此「Skyliner」能在高速下安全運行

東武鐵道
N100系「SPACIA X」

- 淺草～東武日光・鬼怒川溫泉
- 6節 ■2小時2分（淺草～鬼怒川溫泉）

2023年登場，前往日光和鬼怒川方向的特急列車。1號車與6號車的六角形窗戶，靈感來自於栃木縣的傳統工藝「鹿沼組子」。

車內有適合團體乘客利用的包廂「Cockpit Suite」（6號車）等多種座位選擇

東武鐵道
500系「Revaty」

- 淺草～東武日光・鬼怒川溫泉・會津田島・葛生・赤城・伊勢崎 ■3節・6節 ■3小時8分（淺草～會津田島）／1小時59分（淺草～伊勢崎）

2017年推出。「Revaty華嚴號」以日光為起訖站，「Revaty鬼怒號」以鬼怒川溫泉為起訖站，「Revaty會津號」以會津田島為起訖站，「Revaty兩毛號」以葛生・赤城・伊勢崎為起訖站。編組很有彈性，有時是以「3節+3節」的6節車廂營運，有時則在途中車站進行分割以3節運行。

小田急電鐵
30000型「EXEα」

- 新宿～小田原・箱根湯本・片瀨江之島
- 4節・6節・10節 ■1小時25分（新宿～箱根湯本）

由30000型「EXE」翻修而成的車輛，名稱來自於「Excellent Express」（出色又優秀的特急列車）的縮寫。座位數量多，主要活躍於早晚的通勤時段。

小田急電鐵
60000型「MSE」

- 新宿～小田原・箱根湯本・片瀨江之島・御殿場／北千住・大手町～本厚木・箱根湯本・片瀨江之島
- 4節・6節・10節 ■1小時33分（新宿～御殿場）

「MSE」的名稱取自「Multi Super Express」（具多樣運行模式的特急列車）。除了行駛於小田急線以外，也會駛入東京Metro地鐵千代田線，或作為駛入JR御殿場線、連結新宿～御殿場間的「富士山號」等列車使用。

第2章 特急列車

小田急電鐵的「MSE」於2008年開始投入服務，為日本首輛行駛於地下鐵的收費特急列車

53

私鐵特急列車型錄
② 中部・近畿

■運行區間　■車廂數　■所需時間（最快）

名古屋鐵道
1200系「Panorama Super」
■豐橋～新鵜沼・名鐵岐阜等
■6節　■1小時19分（豐橋～名鐵岐阜）

由2節1000系的對號座「特別車」，以及4節1200系只需乘車券即可搭乘的「一般車」，併成6節。特別車的1號車設有觀景室。

觀景室的地板有架高，因此擁有超大的全景視野

名古屋鐵道
2000系「μ-SKY」
■名鐵岐阜・新鵜沼・名鐵名古屋～中部國際機場
■4節　■56分（名鐵岐阜～中部國際機場）

前往中部國際機場的特急列車。藍白相間的車身象徵著藍天白雲，車頭和側面皆印有中部國際機場的暱稱「centrair」。

編組中還包括了可提供餐點和飲料的咖啡廳車廂

照片提供：近畿日本鐵道

近畿日本鐵道
50000系「志摩之風號」
■大阪難波・京都・近鐵名古屋～賢島　■6節
■2小時23分（大阪難波～賢島）

連結近畿日本鐵道（近鐵）的主要轉運車站，與伊勢・志摩方向。擁有景觀座位、日式、西式包廂、沙龍座位等不同類型的客席，極具魅力。

近畿日本鐵道
80000系「火鳥號」
■大阪難波～近鐵名古屋・奈良　■6節・8節
■2小時5分（大阪難波～近鐵名古屋）

為私鐵中最高等級的豪華車輛。所有座位皆可調整傾斜度，椅背放倒也不會影響後方的乘客，打造出舒適的車內空間。

54

近畿日本鐵道

21020系「Urban Liner next」

■大阪難波～近鐵名古屋・奈良 ■6節
■2小時18分（大阪難波～近鐵名古屋）

連結大阪與名古屋的近鐵「名阪特急」主力車輛。車內導入椅背向後傾倒時，腰部位置也會跟著下沉的「搖籃式座椅」，相當受到歡迎。

第2章 特急列車

近畿日本鐵道

30000系「Vista EX」

■大阪難波・京都・近鐵名古屋～賢島、京都～橿原神宮前、大阪難波～奈良 ■4節
■2小時29分（大阪難波～賢島）

為連結雙層車廂的近鐵特急標誌性列車「Vista Car」的第3代車型。雙層車廂的中央有挑高設計的出入口，視野絕佳的上層座位十分搶手。

南海電氣鐵道

50000系「Rapi:t」

■難波～關西機場 ■6節 ■35分

連結大阪鬧區「難波」與關西國際機場的特急列車，名稱來自德文，有「快速」的意思。由於車頭的外觀看起來像是鐵製面具，因此又稱為「鐵假面」。

在6節編組中，有2節車廂為「Super Seat」，採「2列+1列」的座位配置，寬敞舒適

南海電氣鐵道

30000系「高野號」

■難波～極樂橋 ■4節 ■1小時16分

前往人潮眾多的高野山麓。由於行駛於坡度陡急的山岳區間，故採用每節車廂均搭載馬達的電動車（➔P5）等對策來因應。

55

不可不知的 鐵道科技

鐵道能夠安全運行的背後，隱藏著許多不為人知的設計和技術。以下就為大家解說這些鐵道科技。

1

列車真的無法立即停止運轉嗎？

與汽車輪胎相比，列車車輪的摩擦力較小，因此即便剎車也無法立刻停下來。以時速130km行駛的列車為例，從剎車到完全停止約需600m的距離。駕駛員必須考量到這點並調整速度，以確保能夠安全停車。

為了確實停在指定的位置，駕駛員在離車站還很遠的地方，就會開始操作剎車，並調整行車的速度

從開始剎車到停止的移動距離

若要使列車停止，時速 130km 的特急列車約需600m，時速 300km 的新幹線則需近 4000m

2

車輪不會脫離鐵軌嗎？

列車的車輪不單單是放在鐵軌上轉動而已。車輪內側還有一圈凸出的輪緣，與鐵軌接觸時可導引車輛防止脫軌。如此一來列車就不會偏離鐵軌路線，能維持穩定地運行。

輪緣

車輪外周凸出的部分就是輪緣。行經彎道時，可藉由輪緣的導引防止列車脫軌

3

為何列車可以平順地通過彎道？

列車行經彎道時，受到離心力的影響會向外側偏移，並產生左右晃動。因此，彎道的外側鐵軌會高於內側，以抵銷離心力。此外，車體下方的轉向架也會沿著鐵軌移動，讓列車在彎道也能保持平穩舒適。

鐵軌內側與外側的高度差叫作「超高」。彎道越急，超高就越大

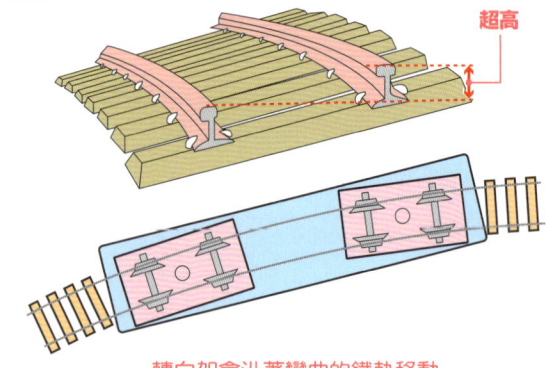

超高

轉向架會沿著彎曲的鐵軌移動

第3章

通勤列車

活躍於通勤和通學時段的通勤列車,探究支撐人們移動的祕密!

比比看就知道
是電車？還是氣動車？

「鐵道車輛≠電車」，鐵道車輛根據動力方式，可大致分為電車和氣動車。以下就來看看其中的差別吧。

電車的特徵

從架線取得電力，驅動馬達行駛。雖然車輛較容易管理，但另一方面由於需要架線等大規模的設施，建設費用較高，所以實際上只在乘客數量多的都市運行。

- 車頂上有集電弓
- 需要架線等設施
- 只能行駛於有架線的電氣化區間

氣動車的特徵

也稱為「柴油車」。將作為燃料的柴油儲存在油箱，依靠柴油引擎的動力行駛。由於是透過儲存的燃料運行，因此不需建造大型設施，在電氣化區間和非電氣化區間皆可行駛。

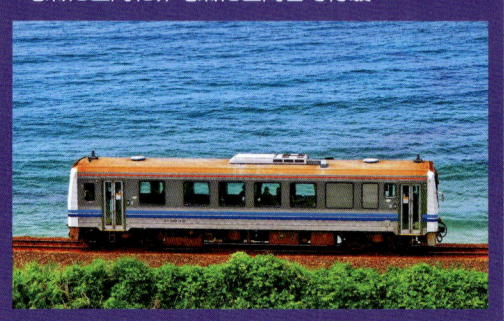

- 獨特的引擎聲和柴油氣味
- 不需架線所以天空視野乾淨
- 每節車廂的營運成本比電車高

小知識

蓄電池電車

這種電車搭載大容量的蓄電池，也能行駛於非電氣化的區間。在電氣化區間就與普通電車一樣，透過集電弓從架線獲取電力運行；在非電氣化區間則收起集電弓，由蓄電池提供電力運行。蓄電池的充電方式除了利用折返車站等的充電設備外，也可在電氣化區間行駛時進行充電。

運行於JR烏山線的EV-E301系「ACCUM」，是日本第一台蓄電池電車。行經電氣化區間的宇都宮～寶積寺間，透過集電弓取得電力；在非電氣化區間的寶積寺～烏山間，則是利用蓄電池的電力行駛

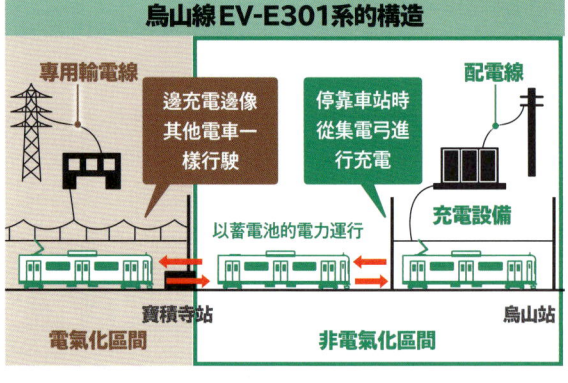

在停靠烏山站的期間，升起集電弓接觸架線獲取電力，為蓄電池充電

烏山線EV-E301系的構造

專用輸電線 — 邊充電邊像其他電車一樣行駛 — 停靠車站時從集電弓進行充電 — 配電線 — 充電設備

以蓄電池的電力運行

| 電氣化區間 | 寶積寺站 | 非電氣化區間 | 烏山站 |

電車・氣動車的構造差異

電車的運行原理

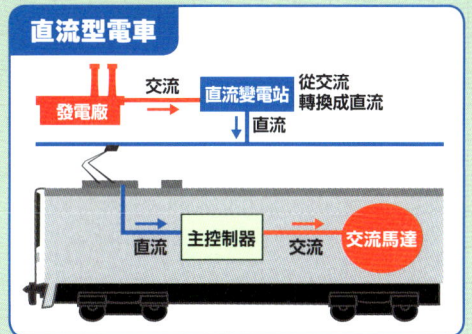

直流型電車

從架線取得電力，經過主控制器調整電壓後，驅動轉向架內的馬達轉動，將動力傳遞到車輪。由於電力有直流和交流兩大類，因此又分成行駛於直流電區間的直流型電車，以及行駛於交流電區間的交流型電車。

JR在來線的電氣化區間
※包含部分原JR的第三部門鐵道路線

- 直流電化
- 交流電化

主控制器目前大多採用節能且乘坐舒適度佳的VVVF逆變器。相對於發電廠產生的電力和馬達使用的是交流電，VVVF逆變器則是以直流電運作，因此交流型電車必須先將電流轉換成直流電

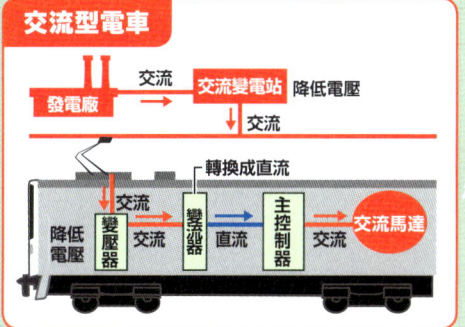

直流電較早使用，都市圈內幾乎都是直流電。交流電則多用於北海道、東北、九州地區，新幹線全線也都是交流電。

交流型電車

氣動車的運轉原理

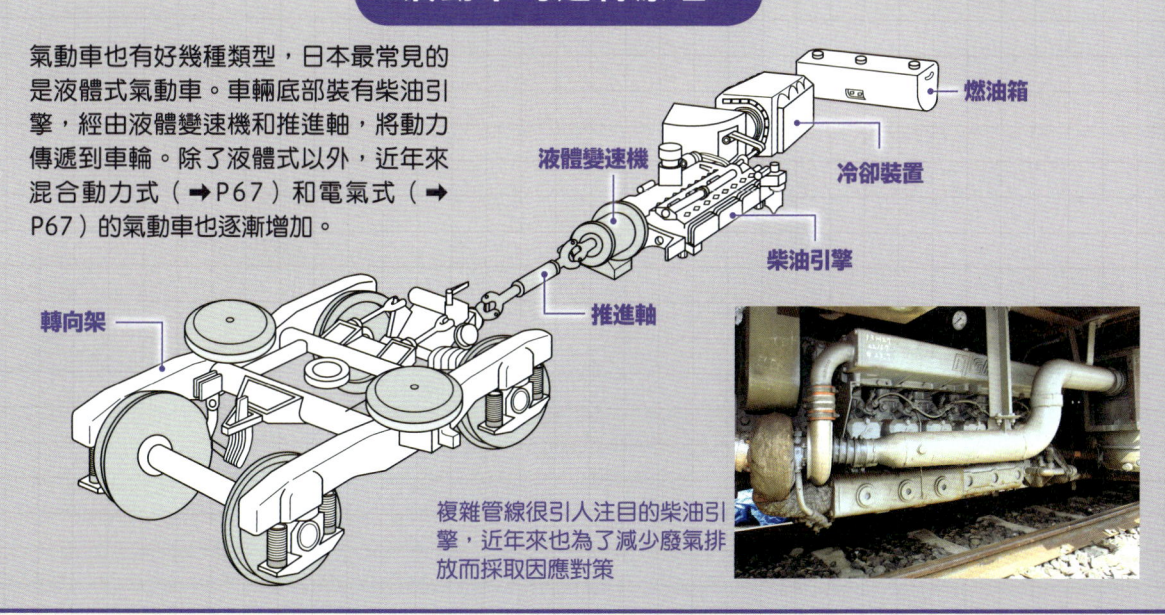

氣動車也有好幾種類型，日本最常見的是液體式氣動車。車輛底部裝有柴油引擎，經由液體變速機和推進軸，將動力傳遞到車輪。除了液體式以外，近年來混合動力式（➡P67）和電氣式（➡P67）的氣動車也逐漸增加。

- 燃油箱
- 液體變速機
- 冷卻裝置
- 柴油引擎
- 推進軸
- 轉向架

複雜管線很引人注目的柴油引擎，近年來也為了減少廢氣排放而採取因應對策

第3章 通勤列車

除了直流型電車、交流型電車外，還有可行駛直流和交流區間的交直流兩用電車

59

最先進的通勤電車！

JR山手線「E235系」

追求安全與舒適的最新車輛

　　山手線E235系是2015年登場的最先進通勤電車，山手線的代表色——黃綠色（鶯色）搭配黑色點陣圖案的車頭十分吸睛。車內大量採用了可播放廣告、新聞等影像的液晶螢幕，也設有方便輪椅、攜帶嬰兒車的乘客使用的無障礙空間，打造出能對應各種乘客需求的舒適環境。此外，還安裝了能在行進間監控軌道和車輛狀態的「INTEROS」系統，以確保安全運行。

山手線E235系為11節車廂編組，車頭由黑、黃綠構成的點陣圖案裝飾

尾端車廂目的地顯示器上的「季節花卉」圖案，每個月都會更換。發車後，達到一定速度時便會顯示

目的地顯示器
由於使用全彩的LED螢幕，畫面清晰易讀。在車頭上方會交替顯示路線名稱「山手線」，及「品川·東京方向」、「新宿·澀谷方向」等目的地資訊。在車尾上方有時也會顯示繡球花、牽牛花等「季節花卉」。

INTEROS

轉向架
以E233系（→P62）的轉向架為基礎進行改良，讓維修保養更加容易。山手線的急彎路段較多，轉向架也能協助抑制左右晃動。

60

環繞東京市中心運行一周的JR山手線E235系，配備運用最新科技的各種功能，可稱得上是奠定新世代通勤列車標準的劃時代車輛。接下來就來看看有哪些厲害之處吧！

注意！ 車輛控制系統「INTEROS」

可以控制馬達、剎車等車輛所有機器的運作，並取得機械狀態及車內溫度、乘車率等各種數據。性能不亞於一般電腦，能夠處理龐大的數據量。此外，還具有在行進間檢測軌道和架線狀況的功能，得出的數據可運用於軌道的維修作業上。

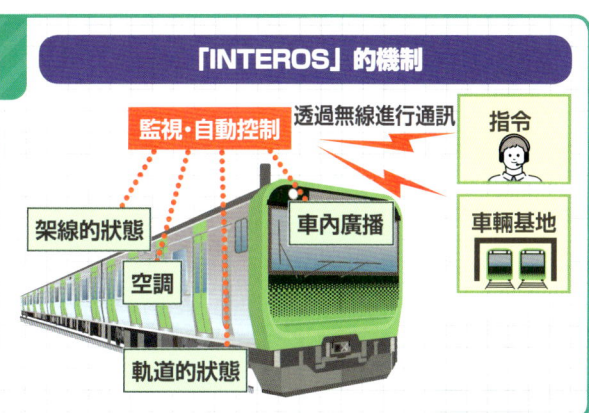

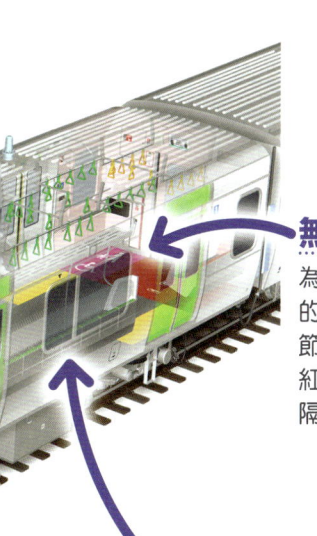

「INTEROS」的機制

透過無線進行通訊

監視・自動控制 — 架線的狀態／車內廣播／空調／軌道的狀態

指令／車輛基地

第3章 通勤列車

無障礙空間內設有緊急通報裝置的按鈕，在急病等緊急狀況時可與乘務員通話

無障礙空間

為方便輪椅或攜帶嬰兒車的乘客所設置的空間。每節車廂各有一處，並以粉紅色的地板做出明顯區隔。對側還設有優先席。

車內

座位的椅背和吊環皆為黃綠色塗裝，營造出沉穩的氛圍。並透過懸掛吊環的鐵管與座位隔板、車壁相連，提高車體側面的強度以抵抗來自側面的撞擊。

車門和側窗上方設有播放廣告、新聞等資訊的液晶螢幕（數位電子看板）

從2020年起，E235系也開始服役於橫須賀線・總武快速線。但與山手線的車輛不同，皆設有綠色車廂和廁所

61

數量是JR第一名！
行駛於首都圈的「E233系」

目前JR產量最多的車型，就是JR東日本旗下的E233系，數量已多達3200輛。不僅活躍於首都圈的多條路線，還擁有各種不同的車型。

E233系0番台
中央線・青梅線・五日市線

2006年登場的E233系初代車型。有10節固定編組、可以分割的6節+4節編組，以及運行於青梅・五日市線的4節、6節編組。從2024年底陸續導入了綠色車廂（➡P63）。

一開始車內無廁所，但現在所有列車皆進行增設工程中

重點1
完善的資訊導引

車內設有可顯示列車目的地、運行資訊、新聞等內容的「資訊導引顯示器」，車外設有以全彩顯示目的地等訊息的「目的地顯示器」。E233系自首輛推出以來，就導入這兩項設備，大幅提升乘車服務的品質。

位於車門上方的「資訊導引顯示器」。除部分列車外，E233系均配有2個液晶顯示器

重點2
萬全的碰撞事故對策

為了在碰撞事故發生時保障乘務員和乘客的安全，車頭採用可吸收衝擊的結構。此設計是假設列車在平交道等處與車輛發生碰撞，因此刻意在車頭設置易於變型的結構，藉此吸收、分散衝擊的力道。

除了與地下鐵直通的列車外，E233系各番台車輛都採用可吸收衝擊的結構。E233系也是首款全面導入此結構的車型

重點3
良好的抗故障能力

控制車輛運行的控制裝置、車頂上方的集電弓等主要機器，皆預先備妥兩套。即便其中一套發生故障仍可正常運行，致力於追求高品質的服務。

備用的集電弓

每列編組都有1台備用的集電弓，平時處於折疊狀態

部分的「綠色車廂」為雙層結構，提供比普通車廂更高等級的服務

E233系3000番台
東海道線・宇都宮線・高崎線等
2007年登場。由於運行距離較長，所以在編組中加入了「綠色車廂」。

E233系1000番台
京濱東北線・根岸線
2007年登場

E233系2000番台
常磐緩行線等
2009年登場

E233系5000番台
京葉線等
2010年登場

E233系6000番台
橫濱線
2014年登場

E233系7000番台
埼京線・川越線
2013年登場

E233系8000番台
南武線
2014年登場

第3章 通勤列車

還有這樣的夥伴唷
以E233系為基礎的 私鐵通勤電車

小田急電鐵 4000型 
2007年登場。與E233系2000番台同樣，都是為了直通東京Metro地鐵千代田線而製造

東京都交通局（都營地鐵）10-300型 
2013年登場的10-300型第3批次以後的車輛，皆以E233系2000番台的設計為基礎

相模鐵道 12000系 
為了直通JR線，因此以E233系的規格製造而成，後來推出的20000系也採用相同設計

63

> 深受當地人愛用的

JR通勤‧近郊電車型錄

■主要運行路線　■編組數　■單節車廂長度（中間車廂）‧單側車門數

以下將介紹全日本從北海道到九州的JR主力電車。不只用於通勤和通學，也活躍於城市間的運輸與往返機場的交通，還推出了追求節能的新型車輛。

JR北海道
733系
- ■函館本線、千歲線、札沼線
- ■3節‧6節　■20.8m‧3個

主要運行札幌的都市圈及其周邊地區，也用於快速「Airport號」（新千歲機場～札幌‧小樽）等列車。

JR北海道
737系
- ■函館本線、千歲線、室蘭本線　■2節
- ■21.5m‧2個

2023年登場。為JR北海道首次推出可對應單人操作的電車，最多可併結成6節車廂。

JR東日本
205系
- ■南武支線、仙石線　■2節‧4節
- ■20.0m‧4個

1985年登場。曾服務於山手線等首都圈各路線，2010年左右開始陸續退役，運行範圍也逐漸縮減。

JR東日本
E721系
- ■東北本線、仙山線、常磐線、磐越西線等
- ■2節‧4節
- ■20.0m‧3個

活躍於仙台地區的電車，有0番台、改良版的1000番台、可直通仙台機場鐵道的500番台等3種。

JR東日本
E131系
- ■相模線、宇都宮線、日光線、內房線、外房線、鹿島線、成田線等
- ■2節‧3節‧4節　■20.0m‧4個

2021年登場。主要運行於首都圈郊外的地方線，並搭載可對應單人操作的設備。

JR東海
315系
■中央本線、關西本線、武豐線、東海道本線等　■2節・3節・4節　■20.1m・4個

2022年登場。配備日本國內首創以人工智慧（AI）控制的冷氣系統，和停電時可自力行走的蓄電裝置。

JR東海
313系
■東海道本線、中央本線、關西本線、御殿場線、身延線等　■2節・3節・4節・6節　■20.1m・3個

JR東海在來線的代表電車，擁有多種不同的車型。主要活躍於名古屋·靜岡地區的普通列車和快速列車。

JR西日本
225系
■JR京都線、JR神戶線、琵琶湖線、阪和線、關西機場線等　■4節・8節　■20.0m・3個（部分為2個）

活躍於琵琶湖線、JR京都線、JR神戶線的「新快速」，以及阪和線、關西機場線的「關空快速」等近畿地區多條路線。

JR西日本
323系
■大阪環狀線、JR夢咲線　■8節　■20.0m・3個

車身上有大阪環狀線代表色的橘色線條，並搭載有感知、防止車輪空轉的控制系統。

JR四國
5000系
■瀨戶大橋線　■3節　■（往岡山方向依序為）20.86m、20.0m、20.1m・3個

與JR西日本的223系5000番台併結成5節編組的快速「Marine Liner」（岡山～高松），往高松方向的車頭連結著雙層的綠色車廂。

JR九州
821系
■鹿兒島本線、福北豐線、豐肥本線　■3節　■20.0m・3個

2019年登場的節能車輛，與過往車輛相比可減少7成的耗電量。前端裝飾有LED燈（照片中為未點燈狀態），極具特色。

第3章 通勤列車

使用225系、223系運行的JR西日本新快速，最高時速可達130km，是全日本僅次於新幹線的最高水準

> 地方區間的主力

JR氣動車型錄

■ 主要運行路線　■ 單節車廂長度・單側車門數

使用柴油引擎運行的氣動車，行駛於日本各地的非電氣化路線。近來也有推出考量環保的新型氣動車。

JR東日本
Kiha100系・Kiha110系
■ 八高線、磐越東線、奧羽本線等　■ 16.5m（Kiha100系）、20m（Kiha110系）・2個

1990年登場。雖已有30多年的歷史，但現在仍活躍於JR東日本的多條路線。

JR東海
Kiha75型
■ 參宮線、高山本線、太多線　■ 21.3m・3個

作為最高時速120km的快速「三重號」（名古屋～伊勢市・鳥羽）等列車。

JR九州
Kiha200系
■ 豐肥本線、指宿枕崎線等　■ 21.3m・3個

1991年登場。以嶄新的設計及與電車相當的加速性能自豪，又被暱稱為「紅色快速」。

JR西日本
Kiha120系
■ 關西本線、越美北線、木次線等　■ 16.3m・2個

JR西日本非電氣化區間的主力車輛。擁有多種車型，而且根據地區不同，車身上的線條顏色也有所差異。

JR四國
1000型
■ 高德線、德島線、土讚線等　■ 21.3m・3個

1990年登場。在單側的3個車門中，只有中央的車門為雙開式。

66

新型氣動車

對環境友善

混合動力式氣動車

利用柴油引擎驅動發電機取得的電力，以及儲存在蓄電池中的電力來運行。剎車時產生的能量也能儲存到蓄電池中，並可減少行駛時的噪音。

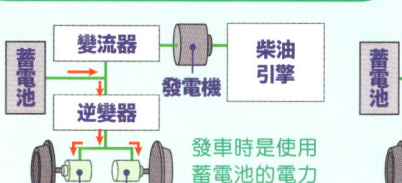

發車時是使用蓄電池的電力行駛

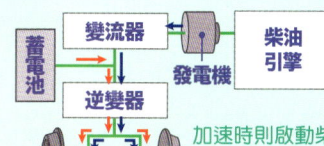

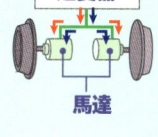

加速時則啟動柴油引擎，同時使用發電機產生的電力

JR東日本
KihaE200型
- 小海線
- 20m・2個

2007年推出，為世界首款營業用的混合動力式氣動車。

JR九州
YC1系
- 佐世保線、大村線、長崎本線
- 20m・3個

2020年登場。特徵是車體前端環繞著一圈LED燈，內裝採木質調。

電氣式氣動車

透過柴油引擎驅動發電機產生電力，轉動馬達來行駛。此車型從混合動力式氣動車中移除蓄電池相關的系統，由於沒有蓄電池，成本也相對較低。

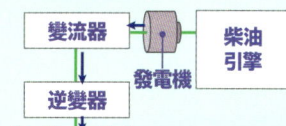

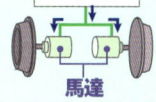

從發電機之後的系統與電車相同，零件可以互通為優點之一

JR北海道
H100型
- 函館本線、室蘭本線、富良野線等
- 20m・2個

2020年亮相的JR北海道首台電氣式氣動車，又被暱稱為「DECMO」。

JR東日本
GV-E400系
- 羽越本線、信越本線、磐越西線、津輕線等
- 20m・2個

2019年登場。此款車是為了汰換老舊的氣動車而打造，目前數量持續增加中。

第3章 通勤列車

延伸至鐵道以外的領域
致力深耕在地的鐵道經營

參與觀光開發
沿線若有具吸引力的觀光景點，不僅鐵道的乘客人數增加，觀光地也越發熱鬧。在這樣可預期的加乘效應下，鐵道公司有時也會參與開發觀光地。

再開發的催化劑
如果設有鐵道車站，地區名稱會更廣為人知，甚至可推動地方品牌化打造出充滿魅力的景點。以車站為中心的再開發計畫在全日本各地都很常見，有時也會透過興建或遷移大學、專業學校來促進地方繁榮。

鐵道高架化
若將地面鐵道移至高架橋上，即可解決城市被分割成區塊的現象，交通也更便捷順暢。此外，消除平交道後也能減少事故，提升鐵道運行的安全。

因應活動的措施
當沿線舉辦職棒比賽或演唱會之類的活動，鐵道的乘客人數會大幅增加。因此，鐵道公司會在活動當天加開臨時列車等，根據情況來靈活調度。

鐵道對地方帶來巨大的影響，存在感實在無法估量。鐵道公司也運用此一特性，除了營運鐵道事業外還發展其他的副業。以下就來看看鐵道經營與地方之間的密切關係。

商業設施和高塔式住宅大樓陸續興建中

人潮眾多的「車站周邊」是商業發展的絕佳地點，因此會聚集許多餐飲店、賣場、飯店等商業設施。有時鐵道公司也會參與其中的開發，在市中心興建比周圍還要高的高塔式住宅大樓，進一步增強該地區的吸引力。

住宅開發是主要的收益來源

沿線開發成住宅區後，人口增加，鐵道的乘客人數也會跟著上升。因此鐵道公司對於住宅開發也相當積極，近年來甚至有住宅開發帶來的效益超過鐵道本業的案例。

與巴士事業的深厚關聯

鐵道和巴士若能搭配使用，更可擴大移動的範圍。因此，鐵道公司長久以來皆有涉足巴士的業務。目前，幾乎所有的鐵道公司都將巴士事業獨立為關係企業，但大多數仍保留鐵道公司的名稱。

69

關東 VS 關西
對號座服務的現況

目前有越來越多私鐵導入了「對號座服務」，讓乘客在擁擠的早晚時段也能有位子可坐。以下將介紹關東私鐵與關西私鐵的服務差異與主要的列車。

■ 主要運行區間
■ 使用車輛
■ 編組數

關東地區

通常整台列車的所有車廂皆提供對號座服務，也有許多列車採用可切換長條座椅和橫排座椅的「雙模式座椅」。

橫排座椅

長條座椅

京王電鐵
京王Liner
■ 新宿～京王八王子・橋本
■ 5000系　■ 10節

2018年登場的京王電鐵首款對號座列車。所有座位皆備有電源插座，並導入可連接網際網路的免費公共Wi-Fi。

使用車輛為雙模式座椅的5000系，以「京王Liner」運行時採橫排座椅（上），以普通列車運行時採長條座椅（下）。

京急電鐵　Wing號
■ 泉岳寺・品川～金澤文庫・橫須賀中央・三浦海岸・三崎口
■ 1000型、2100型　■ 8節

平日早上運行的是上行「Morning Wing號」，晚上是下行「Evening Wing號」。

西武鐵道　S-TRAIN
■ 豐洲～所澤・小手指／西武秩父～元町・中華街
■ 40000系　■ 10節

2017年登場，使用車輛為雙模式座椅的40000系。週六、假日行駛西武秩父～元町・中華街之間。

東武鐵道　TH Liner
■ 惠比壽・霞關～久喜
■ 70090型
■ 7節

2020年登場，使用車輛為雙模式座椅的70000系。可與東京Metro地鐵日比谷線直通。

70　對號座服務除了車資外，只需再支付數百日圓即可確保座位，因此深受歡迎

關西地區

通常整台列車只有部分車廂導入對號座服務，並且會強調提供了比其他車廂更為高級的服務。

連結於8000系的「PREMIUM CAR」，鮮紅色的車身上還點綴著細金色線條

京阪電氣鐵道
PREMIUM CAR

- 淀屋橋～出町柳 ■3000系、8000系
- 8節（對號座車廂為6號車）

自2017年起，PREMIUM CAR開始配置在部分8000系列車的6號車，並導入對號座服務。有專屬乘務員隨車，還提供租借毛毯等服務（清晨·深夜時段除外）。

「2列+1列」的座位配置，空間寬敞。為京阪電鐵首次採用可調整椅背傾斜度的座椅，並設有大型桌板和插座

「2列+1列」的座位配置，座椅和腳部的前後空間都比一般車廂大

阪急電鐵
PRiVACE

- 大阪梅田～京都河原町
- 2300系、9300系 ■8節（對號座車廂為4號車）

2024年7月登場的PRiVACE，為阪急電鐵首款有對號座服務的車廂，只有在阪急京都線的特急、通勤特急、準特急的部分列車才有設置。

座位採「2列+2列」配置的「Southern Premium」對號座車廂

南海電氣鐵道
特急Souther

- 難波～和歌山市·和歌山港 ■10000系、12000系
- 8節（對號座車廂為4號車）

由4節不需額外付費的自由座車廂與4節對號座車廂，組成8節編組。以原本使用的10000系車輛為基礎，於2011年推出有「Southern Premium」暱稱的12000系（照片）。

第３章　通勤列車

由於關西地區有許多JR線和私鐵並行的競爭區間，因此也期望能透過對號座等多樣化的服務來做出區隔

個性十足的 私鐵通勤電車型錄

■主要運行路線　■編組數　■單節車廂長度（中間車廂）・單側車門數

① 關東

以下介紹的是活躍於大型私鐵的主要通勤電車。不妨將焦點放在車輛的設計和設備，感受一下每家鐵道公司的不同風格。

東武鐵道
50000系
- ■東武晴空塔線、伊勢崎線、東上線等
- ■10節　■20.0m・4個

2005年登場，為東武鐵道首款採用鋁合金車體的通勤電車。外觀為鮮豔的橘色塗裝。

東武鐵道
10000系
- ■東武晴空塔線、伊勢崎線、日光線、東上線、東武都市公園線等　■2節・4節・6節・8節・10節　■20.0m・4個

採用不鏽鋼車體的東武鐵道代表性通勤電車。雖行駛於東武線內的各條路線，但無法與地下鐵直通運行。

西武鐵道
30000系
- ■新宿線、池袋線等
- ■2節・8節・10節
- ■20.0m・4個

擁有「微笑電車」的暱稱，車輛的正面看起來就像在微笑一樣。蛋型吊環及愛心圖案的優先席也很特別。

京濱急行電鐵
1000型
- ■全線
- ■4節・6節・8節
- ■18.0m・3個

2002年登場的京急電鐵主力車輛。最初為鋁合金車體，自2007年以後製造的車輛已改成不鏽鋼材質。

小田急電鐵
5000型
- ■全線
- ■10節
- ■20.0m・4個

車頭採用呈現速度感的流線型設計。並將車體加寬，讓車內空間變得寬敞。

東急電鐵
2020系
- 田園都市線等
- 10節
- 20.0m・4個

2018年登場。車內設有空氣清淨機，對舒適性十分講究，並導入了可監視運作狀態和機器狀態的大容量資訊管理裝置。

東急電鐵
5050系
- 東橫線等
- 8節・10節
- 20.0m・4個

2004年登場。部分列車的5號車有提供收費對號座服務的「Q SEAT」。

京王電鐵
9000系
- 京王線
- 8節・10節
- 20.0m・4個

2001年登場。為京王電鐵中數量最多的車型，可直接駛入都營地鐵新宿線。

相模鐵道
20000系
- 全線
- 8節・10節
- 20.0m・4個

2018年登場，可與東急東橫線直通運行的車輛。「YOKOHAMA NAVYBLUE」的深藍色車身很引人注目。

京成電鐵
3100型
- 京成本線、押上線、成田 Sky Access 線等
- 8節
- 18.0m・3個

用於往成田機場方向的特急列車，車身上繪有飛機和沿線景點等圖案。

京成電鐵
3000型
- 京成本線、押上線、成田 Sky Access 線、千葉線、千原線等
- 6節・8節
- 18.0m・3個

為京成電鐵中數量最多的車型。2003年登場，隨著製造時期的推移，功能也不斷強化。

第3章 通勤列車

73

私鐵通勤電車型錄

② 中部・近畿・九州

■主要運行路線　■編組數
■單節車廂長度（中間車廂）・單側車門數

名古屋鐵道
9500系
- ■名古屋本線、犬山線、常滑線、機場線等
- ■4節　■18.23m・4個

座位採長條座椅，全車設有優先席和無障礙空間。也是名古屋鐵道首次在車內安裝監視器的車型。

名古屋鐵道
3500系
- ■名古屋本線、犬山線、常滑線、機場線、西尾線、尾西線等
- ■4節　■18.83m・3個

以「紅色電車」為人熟知的名鐵主力車輛，為首度採用VVVF逆變器控制系統的名鐵通勤電車。

近畿日本鐵道
5800系
- ■大阪線、難波線、奈良線、京都線、橿原線、天理線、名古屋線等
- ■4節・6節　■20.72m・4個

採用可切換長條座椅（Long seat）和橫排座椅（Cross seat）的雙模式座椅，又被稱為「L／C車」。

近畿日本鐵道
5820系
- ■大阪線、難波線、奈良線、京都線、橿原線、天理線等
- ■6節　■20.72m・4個

為21世紀通勤電車標準規格的「Series-21」車型之一，與5800系同樣都是採用雙模式座椅的「L／C車」。

南海電氣鐵道
8300系
- ■南海本線、機場線、高野線　■2節
- ■20.665m・4個

以圓潤的車頭造型為特徵。車頭燈和車內所有照明均採用LED，並設置可對應4國語言的液晶螢幕資訊顯示器。

74

阪急電鐵
1000系
- 神戶線、寶塚線等
- 8節 19.0m・3個

特徵是維持阪急電鐵的傳統栗色（紅豆色）車身，以及使用可降低耗電量和噪音的馬達。

阪神電氣鐵道
9300系
- 阪神本線、神戶高速線等
- 6節 18.88m・3個

主要用於急行和特急列車。在6節編組中的中間4節車廂，導入了半橫排座椅，橘色搭配米色的車身相當吸睛。

阪神電氣鐵道
5700系
- 阪神本線、神戶高速線
- 4節 18.88m・3個

以藍色為主色調的普通列車車型。為阪神電氣鐵道最廣為人知的普通列車，擁有全日本頂尖水準的加速性能。

京阪電氣鐵道
13000系
- 京阪本線、鴨東線、中之島線、宇治線、交野線等 4節・6節・7節・8節
- 18.7m・3個

2012年登場。開發時著重降低行駛時的耗電量，以及無障礙設施的需求。

西日本鐵道
5000型
- 天神大牟田線、太宰府線
- 3節・4節 19.5m・3個

1975年登場。正面的車窗採左右不對稱的設計，面向列車時的右側為曲面玻璃，左側為平面玻璃。

西日本鐵道
3000型
- 天神大牟田線 2節・3節・5節
- 19.5m・3個

2006年登場，為西日本鐵道首款不鏽鋼製車輛。廣泛用於普通、急行和特急列車，且編組方式各有不同。

第3章　通勤列車

阪神電氣鐵道9300系的橘色車身，因讓人聯想到日職阪神虎隊的競敵「讀賣巨人隊」，曾經引發批評

> 奔馳在大自然中！

地方鐵道型錄

■營運 ■都道府縣 ■區間 ■總距離

地方鐵道不僅是當地居民重要的交通工具，也是熱門的觀光路線。有時還能遇見從都市地區退役的車輛，感受多樣魅力。

津輕21型

津輕鐵道
■私鐵 ■青森縣
■津輕五所川原～津輕中里
■20.7km

以冬季運行的「暖爐列車」（➡P8）而聞名。列車的暱稱「跑吧！美樂斯號」，則是取自當地出身作家太宰治的作品。

36-700型

三陸鐵道
■第三部門鐵道 ■岩手縣
■盛～久慈 ■163.0km

雖於2011年的東日本大震災中嚴重受損，但歷經3年左右的時間，重新全線開通。以紅、藍、白三種顏色搭配的車輛，也成為當地復興的象徵。

3000型

銚子電氣鐵道
■私鐵 ■千葉縣 ■銚子～外川 ■6.4km

即便持續虧損陷入廢線危機，仍靠著副業「濕煎餅」（➡P81）大賣而復活。演唱會電車、職業摔角電車等活動列車也很受歡迎。

2100系

伊豆急行
■私鐵 ■靜岡縣 ■伊東～伊豆急下田 ■45.7km

沿著伊豆半島的東海岸一路前行。「黑船電車」和「金目鯛電車」是只需支付普通票價就能搭乘的人氣觀光列車，可將美麗海景盡收眼底。

76　如京都丹後鐵道般，鐵道設施的所有權與鐵道營運交由不同公司或組織負責的模式，稱為「上下分離方式」。

京都丹後鐵道

■第三部門鐵道 ■京都府 ■宮津～福知山、西舞鶴～宮津、宮津～豐岡 ■114.0km

使用北近畿丹後鐵道擁有的鐵道設施，營運則交由也經手高速巴士等事業的WILLER集團負責。行經架設在由良川河口的由良川橋樑時，列車幾乎是緊貼著水面。

KTR700型

長野電鐵

■私鐵 ■長野縣 ■長野～湯田中 ■33.2km

行駛於長野縣北部地區的地方鐵道，車輛承接自小田急電鐵、JR東日本和東急電鐵等公司。

8500系

1080型

一畑電車

■私鐵 ■島根縣 ■電鐵出雲市～松江宍道湖溫泉、川跡～出雲大社前 ■42.2km

山陰地區唯一的私鐵，以「畑電」（Bataden）的暱稱為人熟知。沿途能欣賞田園風光及宍道湖的景色。

2100系

高松琴平電氣鐵道

■私鐵 ■香川縣 ■高松築港～琴電琴平、瓦町～長尾、瓦町～琴電志度 ■60.0km

以「琴電」（Kotoden）的暱稱聞名，前往金刀比羅宮的參拜客常會搭乘。使用的車輛是從京急電鐵、京王電鐵、名古屋市交通局等公司轉讓而來。

Tora700型等

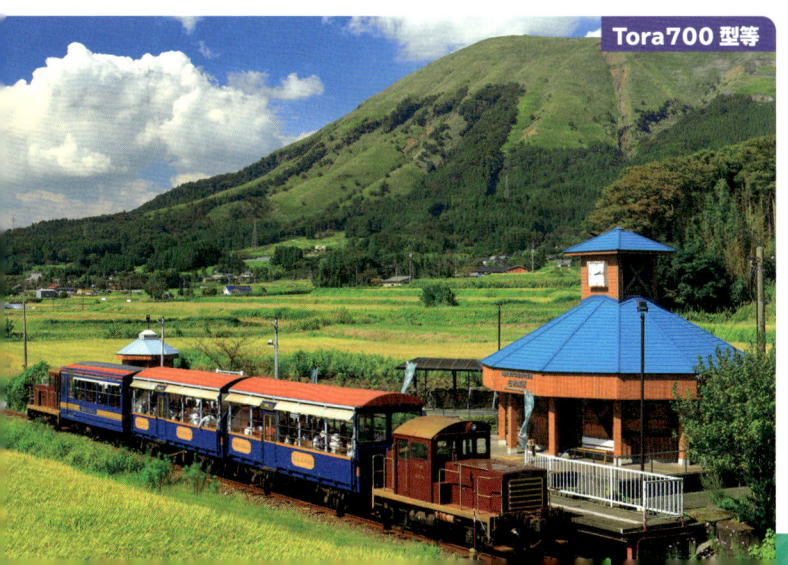

南阿蘇鐵道

■第三部門鐵道 ■熊本縣 ■立野～高森 ■17.7km

可一路欣賞阿蘇群山景色的觀光小火車「夕菅號」深受歡迎。雖然在2016年的熊本地震中受損後停駛多年，但已於2023年全線復駛。

第3章 通勤列車

77

在地方私鐵活躍中！

展開第二人生的 讓渡車輛

老舊的車輛退役後會被解體，但也可能轉讓給地方的鐵道公司。以下將介紹如今依然充滿活力，持續奔馳中的讓渡車輛。

富士山麓電氣鐵道
8500系「富士山景觀特急」

原本是用於特急「朝霧號」的JR東海371系。2016年開始作為觀光列車「富士山景觀特急」運行，並將車身換上亮紅色金屬質感的塗裝。

1號車是設有圓桌座位和長椅座位的特別車廂（對號座）。讓渡後內裝改為木質調，營造出如飯店咖啡廳般的氛圍

2號車為對號座。為了讓乘客眺望窗外景色，因此設有面向車窗的吧台座位

富山地方鐵道
16010型「阿爾卑斯特快列車」

2011年推出的觀光列車，車輛改造自西武鐵道的特急「紅箭號」5000系。採3節車廂編組，外觀仍保留西武時期的樣貌，但車內已大幅翻新。

78　富山地方鐵道的「阿爾卑斯特快列車」曾在電影《Railways給無法傳遞愛的大人們》（2011年）中登場，蔚為話題

長野電鐵
1000系「湯煙號」

2005年承接小田急電鐵的浪漫特快10000型「HiSE」，並改造成4節編組。外觀和內裝幾乎與小田急時期沒有兩樣。

小田急浪漫特快的代表特色「觀景座位」仍然健在，能享受前方的開闊景觀

長野電鐵
2100型「雪猴號」

前身是首款活躍於JR東日本特急「成田特快」（➡P42）的235系車輛。轉讓過來後改為單人操作，於2011年開始投入運行。

包含法國製造商設計的座椅在內，車內大多數的設備仍維持JR時期的原貌

一畑電車
1000系

東急電鐵1000系轉讓後，換上了橘色塗裝，於 2015年投入服務。因為車頭是由中間車廂改造而成，看起來就像是扁平的吐司麵包。

大井川鐵道
21000系

1994年和1997年各從有「ZOOM CAR」暱稱的南海電氣鐵道21001系，轉讓2列編組過來，目前仍以南海時期的初期塗裝運行中。

上毛電氣鐵道
700型

將曾服務於京王井之頭線的3000系，改造成2節車廂編組後，從1998年起投入運行。目前擁有8列編組，且每列編組的車頭配色都不一樣。

第3章 通勤列車

🚆 大井川鐵道的21000系，是1958年製造的古老列車，已活躍超過65年

79

吸引觀光客來訪！
可愛的動物站長

可愛的動物站長們，在各地都像偶像般受到歡迎，簡直就是能為地方鐵道帶來觀光客的「招財貓」。

JR米坂線

羽前小松站（山型縣）

Chocolat站長

本來是隻流浪貓，後來被管理站舍的NPO法人工作人員認養。平時會待在車站的窗口迎接乘客，於2019年10月被任命為「站長」。

會津鐵道

蘆之牧溫泉站（福島縣）

Sakura站長

繼初代的「Bus」、第二代的「Love」之後，於2023年就任為蘆之牧溫泉站的第三代站長。通常在候車室睡覺，但有時也會在一旁觀察站務員的工作或目送列車離站。

愛知高速鐵道（Linimo）

各站（愛知縣）

Core站長

為黃金獵犬與拉布拉多犬的混種。2017年5月就任為「Linimo站長」，工作場所並不侷限於特定車站，而是在全線所有車站執行服務犬和Linimo的推廣活動。

小知識

拯救赤字地方鐵道！銚子電鐵的「濕煎餅」

由於人口外流等因素導致乘客數量減少，地方私鐵銚子電氣鐵道（千葉縣）的經營狀態，一直非常嚴峻，因此開啟副業，製造、販售「濕煎餅」。2006年公司在網路上發出「因為必須籌措維修車輛的經費，請各位幫忙購買濕煎餅」的訊息後，獲得大量的訂單，最後成功度過經營危機。

銚子市的名產「濕煎餅」，將剛烤好的煎餅浸到醬油裡，讓口感變得柔軟又Q彈

JR藝備線
志和口站（廣島縣）

Yamato站長・Chidori副站長

在志和口站附近出生的流浪貓兄弟。接替初代貓站長「Ryoma」的職務，於2024年3月分別就任站長和副站長。

阿佐海岸鐵道
宍喰站（德島縣）

龍蝦站長（Asa・Tetsu）

持續虧損的阿佐海岸鐵道希望能夠「擺脫赤字」，因此任命脫去紅色外殼就能逐漸長大的龍蝦為站長。

JR予讚線
伊予上灘站（愛媛縣）

Maron站長・Kanna福站長・Tora福站長

擔任「福站長」而非副站長的是「Tora」（左）與「Kanna」（中）。只要觀光列車「伊予灘物語號」一進站，就會跟著「Maron」站長（右）一起出來迎接乘客。

JR指宿枕崎線
指宿站（鹿兒島縣）

小太郎站長

「小太郎」是2011年被任命為站長的蘇卡達象龜。但平時都待在指宿市內的動植物園內，所以很難有機會在車站看到牠的身影。

第3章 通勤列車

由於昭和30～40年代（1955～1970年）的高度經濟成長，自用車逐漸普及，加上人口流失，因此地方私鐵的乘客數量持續下滑

鐵道基礎知識 ③

\ 了解車輛基地的用途！ /

車輛維修的現場

車輛基地內，設有車庫停放結束一天營運後的車輛，並提供洗車等服務以備下次的運行。接下來就來 JR 東日本東京綜合車輛中心一探究竟吧！

東京綜合車輛中心的空間寬敞，面積約有 5 座東京巨蛋大，可以看到整排的山手線 E235 系列車

從洗車・清潔到檢查

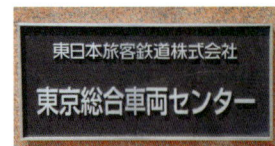

東京綜合車輛中心又以山手線的車庫而廣為人知，負責管理所有車輛。除了洗車、清潔等車輛保養作業外，還會進行各種檢查和修理。由於夜間入庫和清晨出庫的列車數量很多，24小時皆不間斷地運作。

東京綜合車輛中心負責管理諸如在都心行駛的山手線列車

使用車輛洗淨裝置讓列車變得亮晶晶

事先噴灑藥液的 E235 系列車，沿著專用軌道往車輛洗淨裝置前進

當列車接近時，洗淨裝置會噴射水柱，刷子也開始旋轉

以時速 5km 左右慢慢通過車輛洗淨裝置後，車體側面就會被刷得乾乾淨淨

82

各式各樣的車輛檢查

當運行至一定的天數或距離，就必須進行車輛檢查。以下介紹的是90日以內的「功能保養」作業流程。

車門縫隙若卡進較大的垃圾，可能會無法運作，因此得仔細確認

檢查中的車輛必須懸掛紅色旗幟，作為不可移動車輛的警示。旗幟上的「月」字，代表正在進行「功能保養」的檢查

確認車輪有無裂痕、剎車片是否磨損等，檢查各部位的狀況

檢查車門能否順利開關，並確認與運作相關設備的操作情形及狀態

第3章 通勤列車

車輛檢查的種類（以JR東日本為例）

例行檢查	功能保養	指定保養	裝置保養	車體保養
6日以內	90日或360日以內	60萬km以內	120萬km以內	240萬km以內
更換剎車、車內燈等因每日運行而磨損的部位，並檢查電氣相關設備和剎車的狀態、運作情況等	檢查電氣相關設備和剎車的狀態、運作等。不需拆解車體，只檢查各設備的功能狀態	針對指定的電氣設備、剎車等裝置進行拆解和檢查，集電弓和空調設備也會拆下來檢查	除了指定保養的項目外，再加上包含轉向架在內的整體車輛拆解檢查。也會拆下轉向架的框架檢查並更換車輪	進行電氣設備、剎車等各部位的檢查並汰換老化的零件，讓車輛煥然一新並恢復功能

83

鐵道基礎知識 ④

\ 邊看號誌和標誌 /

體驗當駕駛員的感覺！

為了安全運送乘客，列車有許多工作細節及規定。駕駛員必須確認控制台上的儀器和設備，邊查看標誌與號誌機邊執行駕駛操作。

1 壓力表
顯示用於剎車、車門等操作的空氣壓縮程度。剎車和車門都是透過氣壓來運作。

2 車速表
顯示列車的行駛速度。駕駛員需確認正確的速度，調整速度以避免超過車速限制。

3 緊急列車防護裝置
一旦按下按鈕，行駛裝置的電氣回路將被切斷，啟動緊急剎車並鳴汽笛警示危險。該裝置是用於避免平交道事故等緊急狀況。

4 車輛資訊控制裝置
螢幕上會顯示剎車、空調等各種設備的狀態，也可控制各機器的運作。

5 無線電設備
用於駕駛員、車掌與行控中心通話的設備。發生突發事故等狀況時，行控中心也會透過無線電下達指令。

6 換向操縱桿（逆轉把手）
切換列車前進與後退方向的把手。

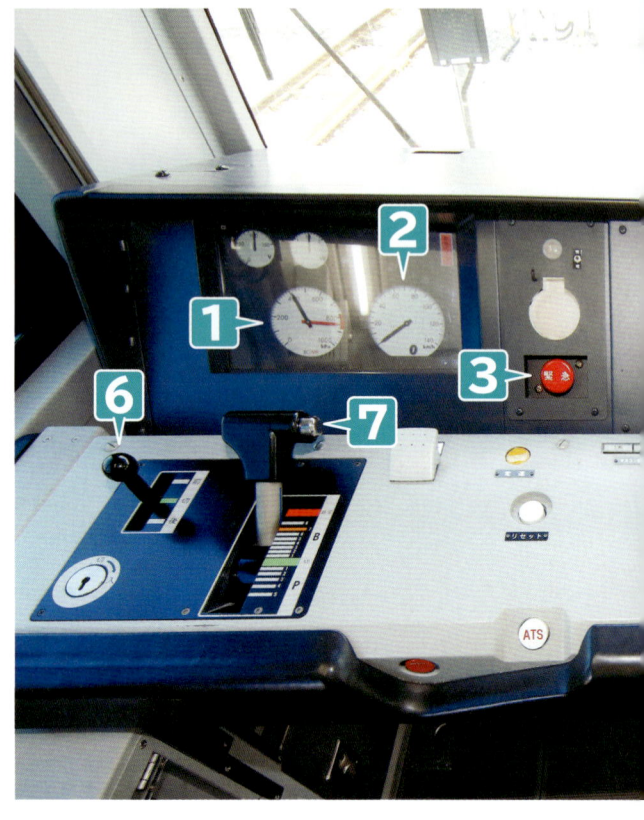

7 主控制器
控制列車速度的操縱桿。照片中的主控制器為單把手式，加速時向前推，減速則向後拉。

軌道旁的鐵道標誌

速度限制標誌
設置於急彎等必須緩慢運行的區間，標示出列車的限制速度*。

較大的數字是速度限制，較小的數字是該區間的距離。照片中的標誌意指「前方170m 內的速度限制為時速45km」

曲線標
設置於彎道前方，標示出彎道的彎曲程度。看到曲線標後，駕駛員會依標誌調整車速。

數字代表曲線半徑，數字越小，轉彎的幅度越急。照片中的標誌意指「彎道半徑為500m」

坡度標
設置於坡道前方，以‰（千分率）**為單位，標示出坡度的陡峭程度。

標誌朝上代表上坡，朝下代表下坡。照片中的標誌意指「上坡的坡度為33.3‰」（每前進1000m需爬升33.3m）

84 *限制速度指此處列車允許行駛的最高時速 **‰是指列車前進1000m的爬升（或下降）高度有多少

控制台的構造

以前的主流是主控制器和剎車把手分開操作的「雙把手式」，但近年來大多是整合為一體的「單把手式」。以下就來看看JR山手線E235系（➜P60）的控制台。

8 手柄

用來維持姿勢。當左手操作主控制器時，右手會處於閒置狀態，因此用右手握住手柄來保持穩定姿勢。

里程標

用來標示從路線起點到該位置的距離。沿著軌道每隔一定距離均會設置，若發生事故等狀況時，即可正確告知所在位置。

左／「0」表示路線的起點，稱為「起點里程標」

右／「29」表示所在位置距離起點有29km

鐵道號誌機的代表意義

與道路的號誌燈一樣，鐵道號誌機也是採用紅、黃、綠三種顏色。設置的目的是為了確保與前面列車有足夠的車距，還有四燈式等種類。

紅燈：停止

表示「在號誌燈前方停下」。當前方有列車或轉轍器尚未切換時，就會顯示紅燈

黃燈：注意

表示「小心前進」。為避免追上前方列車，須將速度降至時速40～50km左右

綠燈：前進

表示「維持原速行駛」。由於前方沒有列車，可依最高速限全速行駛

四燈式號誌

停止　警戒　注意　前進

五燈式號誌

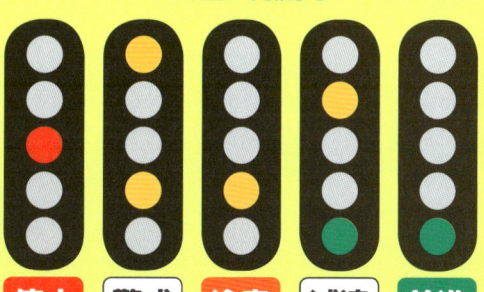

停止　警戒　注意　減速　前進

根據紅、黃、綠燈的數量不同，又有四燈式號誌、五燈式號誌等種類。還會針對車速限制下達更詳細的指示，「警戒」為時速25km以下，「注意」為時速45km以下，「減速」為時速65km以下。

※ 燈號組合（號誌顯示）所代表的意義，會依各鐵道業者而有所差異

第3章　通勤列車

\ 協助修復受災的鐵道 /

鐵道災害調查隊

「鐵道災害調查隊」是鐵道‧運輸機構（JRTT）為了援助遭受地震等重大損害的鐵道公司而創設的組織，接下來就來看看調查隊的工作內容吧！

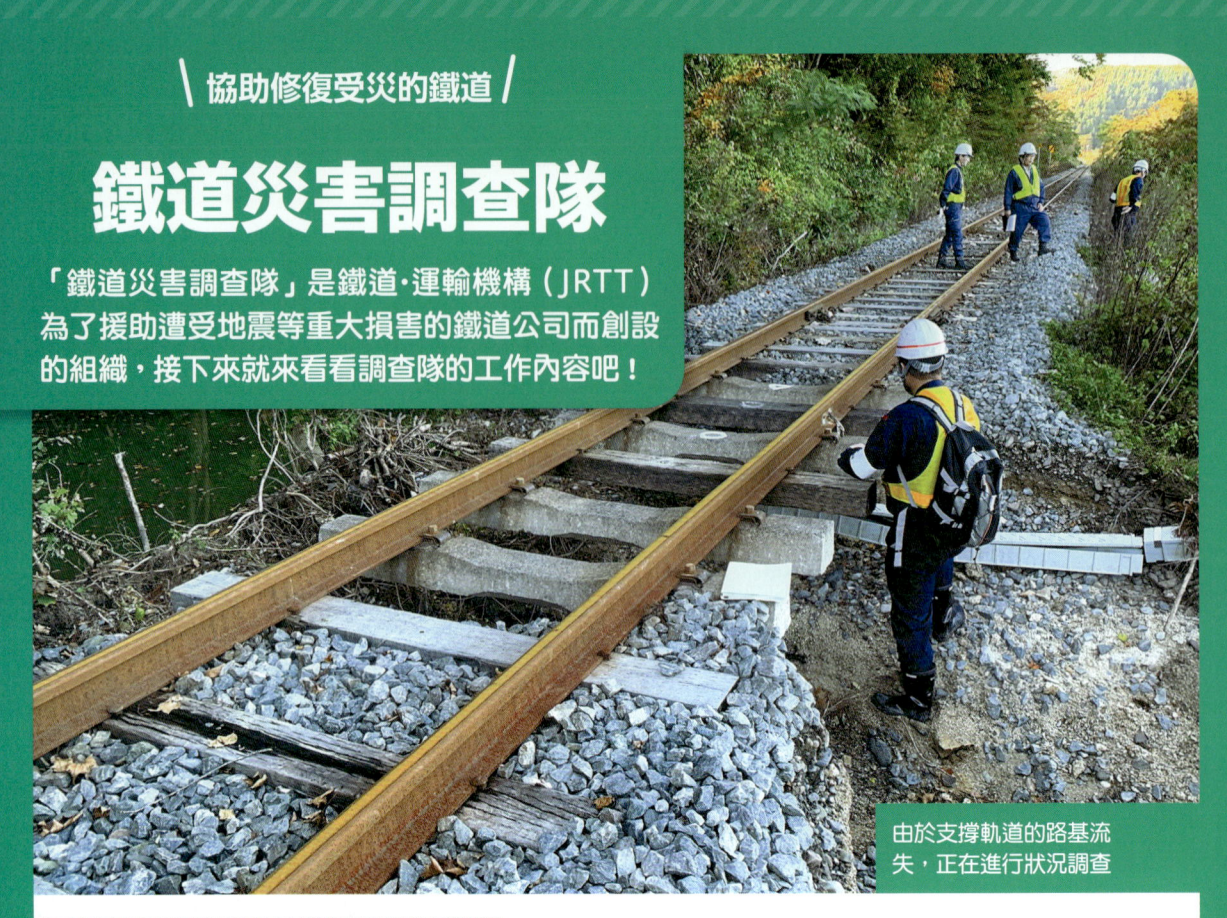

由於支撐軌道的路基流失，正在進行狀況調查

支援鐵道復原的技術團隊

當鐵道設施因自然災害而受損，由於地方鐵道的專業技術人員不足，有時並無法迅速修復。為提供必要的援助，日本於2023年4月成立了「鐵道災害調查隊」。接受日本國土交通省委託的調查隊，以在JRTT的新幹線建設中培養的技術能力為基礎，負責掌握受災的狀況及提供技術方面的建議，協助鐵道儘快恢復原狀。

測量路基流失的程度，收集精確的數據

鐵道災害調查隊過去的派遣地點	
2023年 6月	大井川鐵道
2023年 9月	夷隅鐵道
2023年 9月	小湊鐵道
2023年 10月	球磨川鐵道
2024年 1月	能登鐵道
2024年 4月	信濃鐵道

能登鐵道於2024年1月的「能登半島地震」中嚴重受損。在鐵道災害調查隊的協助下，約3個月就全線修復完成

第4章

地下鐵

在都市內移動時不可或缺的地下鐵，探究它獨特世界的祕密。

\ 地下的構造到底是什麼樣？/

來趟地下鐵的冒險之旅

市中心的地下鐵，必須避開地面下的各種設施才能建造軌道和車站，就像一幅複雜的拼圖。接下來就來看看地下鐵的結構吧！

無障礙設施
從出入口到地下的月台，如果只有樓梯會很不方便。近年來皆已設置手扶梯或電梯，打造出讓每個人都能輕鬆使用的環境。

淺層地下鐵
採用直接從地表挖掘隧道的「開削工法」（➡P99）來建造。在此情況下，隧道將會成為四角型的箱狀結構。

深層地下鐵
使用名為潛盾機的機具以「潛盾工法」（➡P99）來建造。隧道的特徵是擁有管狀的圓型截面。

建設中的地下鐵
為了避開現有的地下鐵隧道，新建的地下鐵會傾向行駛更深處的地下。甚至有車站將月台設置在超過40m深的地方（➡P91）。

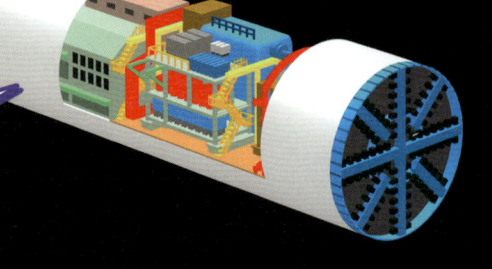

88

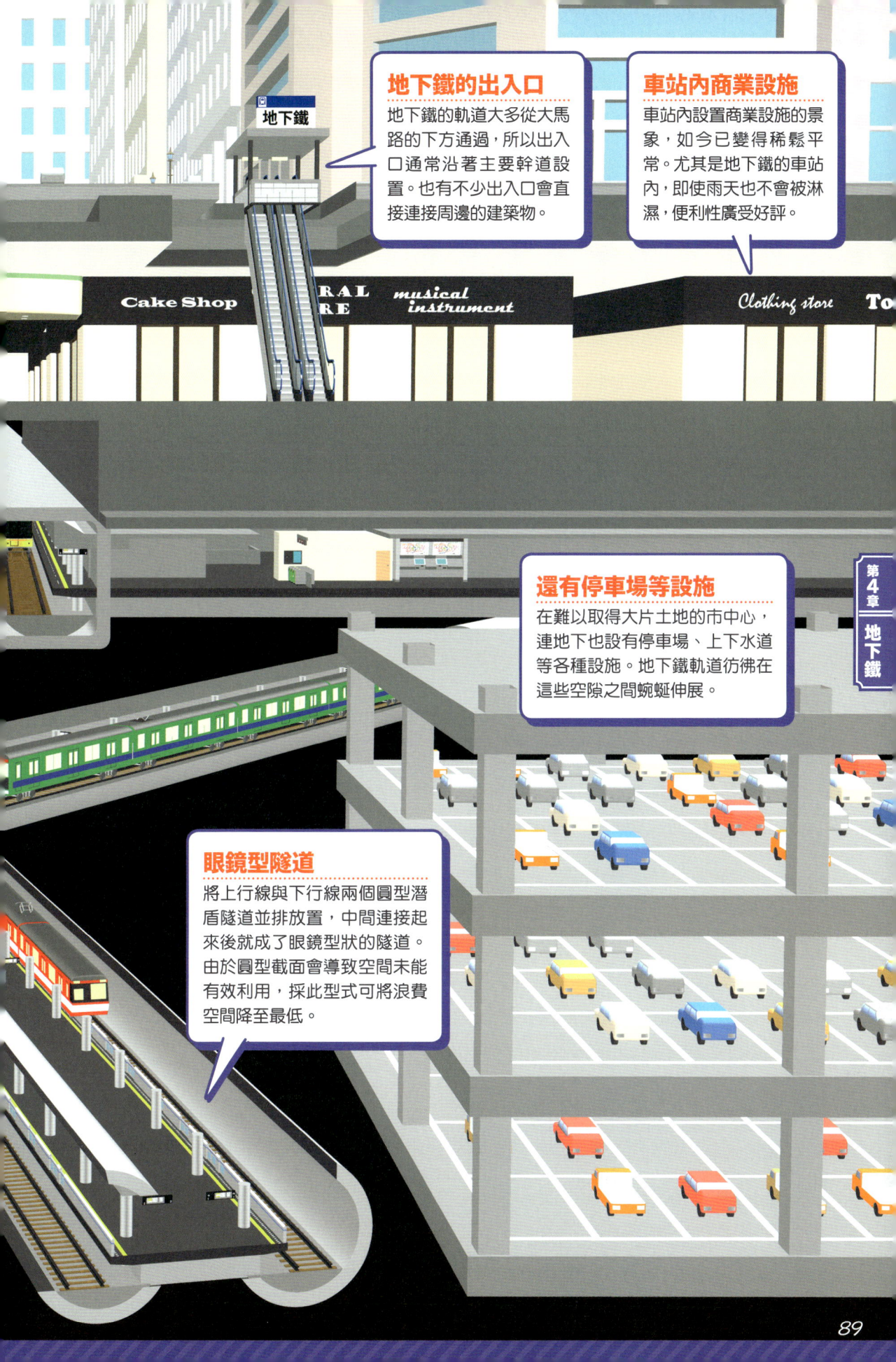

地下鐵的出入口
地下鐵的軌道大多從大馬路的下方通過，所以出入口通常沿著主要幹道設置。也有不少出入口會直接連接周邊的建築物。

車站內商業設施
車站內設置商業設施的景象，如今已變得稀鬆平常。尤其是地下鐵的車站內，即使雨天也不會被淋濕，便利性廣受好評。

還有停車場等設施
在難以取得大片土地的市中心，連地下也設有停車場、上下水道等各種設施。地下鐵軌道彷彿在這些空隙之間蜿蜒伸展。

眼鏡型隧道
將上行線與下行線兩個圓型潛盾隧道並排放置，中間連接起來後就成了眼鏡型狀的隧道。由於圓型截面會導致空間未能有效利用，採此型式可將浪費空間降至最低。

第 4 章　地下鐵

89

地下鐵的出入口都設有標示站名等資訊的大型看板，即便從遠處也能確認車站的位置

駛出地面露出車身的東京Metro地鐵丸之內線2000系列車。在部分區間，地下鐵也會行駛於地面上

地下鐵
是什麼樣的鐵道呢？

JR也有行駛於地下的區間，因此並非所有在地面下運行的都是地下鐵。接下來就從地下鐵的特徵，來看看全日本有哪些地下鐵吧。

擔任都市交通的主力

地下鐵是為了避開擁擠的地上交通且能順暢移動的目的而建造。一般來說指的是大部分路線皆位於地下的鐵道，但也有部分區間行駛於地上。日本地下鐵協會將以下的15家業者列為「日本的地下鐵」。

以前都市交通的主力是路面電車，但因交通堵塞而無法按照規定的時間運行，地下鐵的必要性也隨之提高

日本的地下鐵業者

參考／日本地下鐵協會

公營（都營・市營）地下鐵

	都道府縣	地下鐵事業者	開業年份
1	北海道	札幌市交通局	1971年
2	宮城縣	仙台市交通局	1986年
3	東京都	東京都交通局	1960年
4	神奈川縣	橫濱市交通局	1972年
5	愛知縣	名古屋市交通局	1957年
6	京都府	京都市交通局	1981年
7	兵庫縣	神戶市交通局	1977年
8	福岡縣	福岡市交通局	1981年

民營・第三部門鐵道地下鐵

	都道府縣	地下鐵事業者	開業年份
9	埼玉縣	埼玉高速鐵道	2001年
10	東京都	東京Metro地鐵	1927年
11	千葉縣	北總鐵道	1991年
12	千葉縣	東葉高速鐵道	1996年
13	神奈川縣	橫濱高速鐵道	2004年
14	大阪府	Osaka Metro	1933年
15	廣島縣	廣島高速交通	1994年

地下鐵中的日本第一

真正的 No.1

1 日本第一條地下鐵是？

1927年東京地下鐵道的淺草～上野間開通，全長2.2km。這條行駛於離地面僅約1.5m的淺層地下鐵道，正是日本第一條地下鐵，也成為現在東京Metro地鐵銀座線的原型。

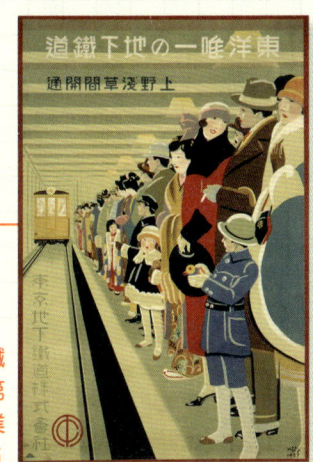

日本第一條地下鐵同時也是東洋的第一條地下鐵，開業初期幾乎連日客滿

目前JR仙石線的仙台站也設有地下月台，但並不是宮城電氣鐵道時期的建物

2 日本第一個地下車站是？

於日本第一條地下鐵開通前2年，JR仙石線的前身——宮城電氣鐵道的仙台站從1925年開始營業。這個車站的月台位於地下，一般認為是日本第一個地下車站。

3 日本票價最高的鐵道是地下鐵嗎？

北總鐵道又以「日本票價最高的鐵道」著稱。在同樣的距離下，票價還比其他公司高出2倍以上，廣受乘客的負評。這條鐵道雖然行駛於地面上，但可與東京都交通局淺草線相互直通運行，因此日本地下鐵協會將其列為地下鐵。

由於虧損嚴重，北總鐵道的票價一直偏高，但在2022年首次調降了票價

4 日本最深的地下鐵車站是？

東京都交通局大江戶線的六本木站，是距離地面最深的地下鐵車站。1號月台深達42.3m，相當於地下7層樓深，設有通往月台的長電梯。

六本木站周邊有「東京中城」等眾多商業設施，車站總是充滿人潮

5 日本最高的地下鐵車站是？

神戶市交通局北神線的谷上站，位於六甲山的山麓。標高244m，為地下鐵位置最高的車站，但月台設在高架上所以毫無地下鐵的氛圍。

從谷上站出發的北神線6000型列車，接下來將穿越全長超過7200m的長隧道

第4章 地下鐵

> 共 **13** 條路線

■區間 ■路線長度 ■使用車輛(不包括直通運行的車輛)

東京的地下鐵型錄

東京有兩家地下鐵業者，分別是東京 Metro 地鐵和東京都交通局（都營地鐵）。以下將介紹各條路線。

東京Metro地鐵
銀座線
■淺草～澀谷 ■ 14.2km ■ 1000 系

1927年開業，為東亞第一條地下鐵。當時使用的車輛是黃色車身的1000系。

東京Metro地鐵
丸之內線
■池袋～荻窪、中野坂上～方南町 ■ 27.4km ■ 2000 系

繼銀座線後開業的第二條地下鐵。鮮紅色車身搭配圓弧狀車頭的2000系列車內，還設有可讓手機等設備充電的電源插座。

東京Metro地鐵
日比谷線
■北千住～中目黑
■ 20.3km ■ 13000系

為迎接1964年的東京奧運而延伸路線，於開幕式的一個半月前全線通車。從北千住站可直通東武晴空塔線。

東京Metro地鐵
千代田線
■綾瀨～代代木上原、綾瀨～北綾瀨
■ 24.0km ■ 16000系、05系

從綾瀨站可直通JR常磐線（各站停車），從代代木上原站可直通小田急線。綾瀨～北綾瀨間的支線，也同時當作通往車輛基地的出入庫線。

東京Metro地鐵
東西線
■中野～西船橋
■ 30.8km
■ 15000系、07系、05系(第4～7批車)、05系(第8～13批車)

由於早上的通勤時段相當擁擠，因此主力的15000系列車採用寬度加大的「寬版車門」。

東京Metro地鐵
有樂町線
■和光市～新木場 ■ 28.3km ■ 17000 系、10000 系

從和光市站可直通東武東上線，從小竹向原站可直通西武有樂町線和池袋線。照片中是與副都心線共用的10000系列車。

92

東京Metro地鐵
半藏門線
- 澀谷～押上
- 16.8km
- 18000系、08系、8000系

從澀谷站可直通東急田園都市線，從押上站可直通東武晴空塔線。與東京其他12條地下鐵路線皆有相連。

東京都交通局
淺草線
- 西馬込～押上
- 18.3km
- 5500型

由東京都交通局建造的首條地下鐵路線。運行中的5500型列車，設計靈感是來自歌舞伎演員的臉譜。

東京Metro地鐵
南北線
- 目黑～赤羽岩淵
- 21.3km
- 9000系（1～4批車）、9000系（第5批車）

從目黑站可直通東急目黑線，從赤羽岩淵站可直通埼玉高速鐵道線。全線的月台均設有從地板包覆至天花板附近的全高式月台門。

東京都交通局
三田線
- 西高島平～白金高輪
- 24.2km
- 6300型、6500型

連接大型集合住宅林立的高島平及都心，目黑～白金高輪間與東京Metro地鐵南北線共用。照片中是6500型列車。

東京Metro地鐵
副都心線
- 和光市～澀谷
- 20.2km
- 17000系、10000系

使用車輛為2021年登場的17000系（照片）等車型。有只停靠部分車站的通勤急行和急行列車等種類。

東京都交通局
大江戶線
- 光之丘～都廳前
- 40.7km
- 12-000型、12-600型

採用線性馬達驅動的列車。整條路線以都廳前站為起點，繞行都心一周後抵達郊外的光之丘站，因此又被稱為「6字型運行」。

東京都交通局
新宿線
- 新宿～本八幡
- 23.5km
- 10-300型（1・2批車）、10-300型（第3批車～）

雖然是都營地鐵，但可橫貫市中心一路運行到千葉縣的本八幡站。行經荒川等多條河川相連的地區時，有時會駛出地面並跨越高架橋。

第4章 地下鐵

丸之內線的2000系列車設有出軌時可使列車停止的「出軌偵測裝置」，以及在緊急狀況時可用於自力行駛的蓄電池

93

> 都市交通的主力

行駛於各地的地下鐵型錄

■區間 ■總距離

東京的地下鐵最早通車，之後才慢慢擴展至大阪、名古屋、札幌等主要城市。以下將介紹東京以外各城市的主要地下鐵業者。

札幌市交通局

■南北線（麻生～真駒內）、東西線（宮之澤～新札幌）、東豐線（榮町～福住） ■48.0km

以配合1972年札幌奧運開幕而通車的南北線為首，總共有3條路線。所有路線皆採用由膠輪車輛沿著導軌行駛的系統。

仙台市交通局

■南北線（泉中央～富澤）、東西線（八木山動物公園～荒井）
■28.7km

有南北線和東西線共2條路線，並在仙台站十字交匯。南北線使用的車輛除了開業以來的1000N系（照片）以外，3000系也在2024年秋天加入營運的行列。

橫濱市交通局

■藍線（薊野～湘南台）、綠線（日吉～中山）
■53.4km

共有2條路線，分別是貫穿整個橫濱市中心的藍線，以及採用線性馬達方式運行於橫濱市郊外的綠線。照片中為藍線的3000S型（第4批車）列車。

京都市交通局

■烏丸線（國際會館～竹田）、東西線（太秦天神川～六地藏）
■31.2km

京都市內有2條路線：南北向的烏丸線與東西向的東西線。2022年登場的烏丸線20系（照片）列車，外觀和內裝設計皆融合了傳統的京都素材和技法。

名古屋市交通局

■東山線（高畑～藤之丘）、名城線（大曾根～金山～大曾根）、
名港線（金山～名古屋港）、鶴舞線（上小田井～赤池）、
櫻通線（太閣通～德重）等 ■ 93.3km

包括以第三軌方式運行的東山線等，共有6條路線行駛於名古屋各地。營運總距離超過90km，為全日本排名第二的公營地鐵，僅次於都營地鐵。

鶴舞線的 N3000 型列車。因可與名鐵豐田線相互直通，故採用從集電弓獲取電力的架空電車線方式

Osaka Metro

■御堂筋線（江坂～中百舌鳥）、谷町線（大日～
八尾南）、四橋線（西梅田～住之江公園）、
中央線（宇宙廣場～長田）等 ■ 130.6km

以御堂筋線（➡ P101）為中心，總共有9條路線。前身是公營的大阪市營地鐵，2018年轉為民營型態。

中央線是 2025 年大阪・關西萬國博覽會的接駁路線，才剛於 2023 年 6 月推出 400 系列車

第4章 地下鐵

神戶市交通局

■西神・山手線（新神戶～西神中央）、
北神線（谷上～新神戶）、海岸線（新長田
～三宮・花時計前）■ 38.1km

加上2020年市營化的北神線，合計有3條路線。以鮮綠色車身為特徵的6000型（照片）列車，行駛於西神・山手線和北神線。

福岡市交通局

■機場線（姪濱～福岡機場）、箱崎線（中洲川端～貝塚）、
七隈線（橋本～博多）■ 31.4km

以連接福岡機場與主要市區的機場線為首，全部有3條路線。七隈線於2023年延伸至博多站，使用的車輛為3000A系（照片）。

95

線性馬達、第三軌、架空電車線
地下鐵的運行系統

地下鐵的運行系統主要是線性馬達，有些與地面鐵道不同。以下就來看看各自的運行機制吧。

能壓縮建造成本的線性馬達方式地下鐵

地下鐵的新建路線已陸續採用線性馬達。線性馬達比傳統的旋轉馬達更薄，車輛也變得小型化，因此可以縮小隧道的直徑。如此一來挖掘範圍減少，建造費用也能降低。此外，線性馬達的噪音較少，行經急彎和陡坡也能平穩通過，性能表現更為優越。1991年開通的東京都交通局（都營地鐵）大江戶線等，就導入了線性馬達方式，為都市的交通網開啟全新的可能性。

導入線性馬達方式的都營地鐵大江戶線

線性馬達　反應板　軌道

在軌道之間鋪設名為「反應板」的鐵板

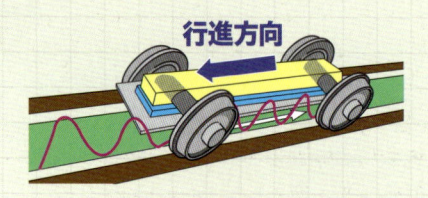

行進方向

當電流通過車輛的線性馬達生成磁力，線性馬達與反應板之間會產生吸引力和排斥力，利用這個原理即可讓列車移動

隧道的大小約為原來的一半

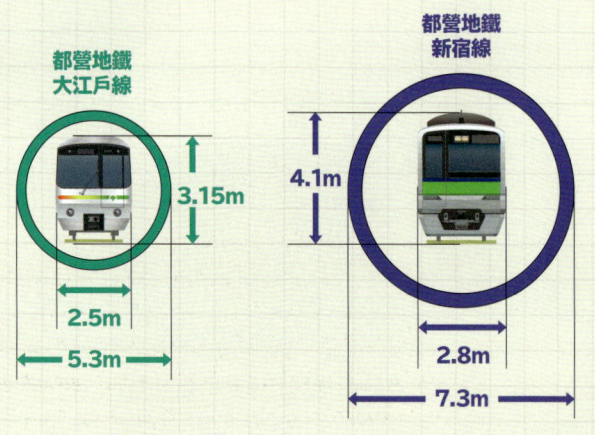

都營地鐵大江戶線：3.15m × 2.5m（5.3m）

都營地鐵新宿線：4.1m × 2.8m（7.3m）

導入體積較小的線性馬達後，車體也跟著小型化，因此隧道的截面積也可縮減至一般地下鐵的一半左右。

地下鐵車輛的集電方式

第三軌方式

在列車行駛的軌道旁，另外設置一條供電用的「第三軌」（Third-Rail）。當安裝在轉向架上的「集電靴」（Collector Shoe）與第三軌接觸後，便能取得電力。由於不需架線等設備，不但可縮小隧道的尺寸，也不用擔心電線被切斷。

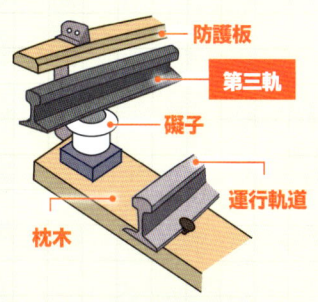

防護板
第三軌
礙子
運行軌道
枕木

在行駛用的兩條軌道旁多設置一條軌道，因此稱為「第三軌」。由於結構簡單，日本第一條地下鐵「東京 Metro 地鐵銀座線」等路線也有採用

Osaka Metro 中央線的 30000A 系列車。電力來自軌道旁的「第三軌」，因此不需架線和集電弓

架空電車線方式

大多數的地面鐵道，皆是透過車頂的集電弓從架線取得電力來行駛。為了與地面鐵道相互直通運行，集電方式也必須統一才行，因此這種方式在地下鐵中也被廣泛運用。由於得在隧道的天井設置架線，因此需要較大的隧道空間。

地下鐵用的是堅固耐用的「剛體架線」。地面鐵道的架線般會隨著車輛移動而彎曲，因此不適用於狹窄的地下鐵隧道

主要是與地面鐵道相互直通運行的路線，才會採用剛體架線方式

注意！ 混合式集電車輛登場

第三軌與架空電車線的集電方式不同，所以無法相互直通。為了克服因集電方式不同帶來的不便，目前正在開發可同時從第三軌和架線獲取電力的裝置。若能實現，將成為結合兩種集電技術的「混合式集電車輛」，以往無法行駛的路線，也有可能直通運行了。

對應不同的集電方式

Osaka Metro 中央線・近鐵京阪奈線　**第三軌方式**

近鐵奈良線　**架空電車線方式**

近畿日本鐵道為了讓列車能直通Osaka Metro中央線・近鐵京阪奈線和近鐵奈良線，開始研發可對應不同集電方式的集電裝置，目前正在進行實用化的測試

第三軌方式由於構造簡單，雖然能降低建造成本，但並不適合高速運行

第4章　地下鐵

97

地下隧道是怎麼建造的呢？

地下鐵的隧道內部很暗，或許不太容易理解，但當中有許多能確保安全運行的設施。接下來就來看看隧道的構造和建造方法吧！

地下鐵隧道的構造

1 剛體電車線路
提供驅動電車所需電力的電線（➡ P97）。

2 列車無線電用引導線
提供行控中心與駕駛員、車掌之間以無線電互相聯絡的電線。由於隧道內難以使用電波來通訊，因此得在隧道內鋪設引導線，透過車輛的天線進行聯絡。

3 號誌機
地下的能見度很差，所以必須縮短號誌機的設置間隔。但東京Metro地鐵全線及近幾年興建的地下鐵已不再使用號誌機，改用設置在控制台的車內號誌來顯示速度限制。

4 配電線・連絡輸電線
軌道旁的區塊內，鋪設有配電線和連絡輸電線。配電線用來傳輸電力到車站照明、電梯等設備，連絡輸電線則是用來連接各變電所。

5 號誌電纜・通訊電纜
號誌電纜是用來傳送運行所需的號誌資訊；通訊電纜是為了設置在軌道旁的緊急電話等傳送資訊的用途。

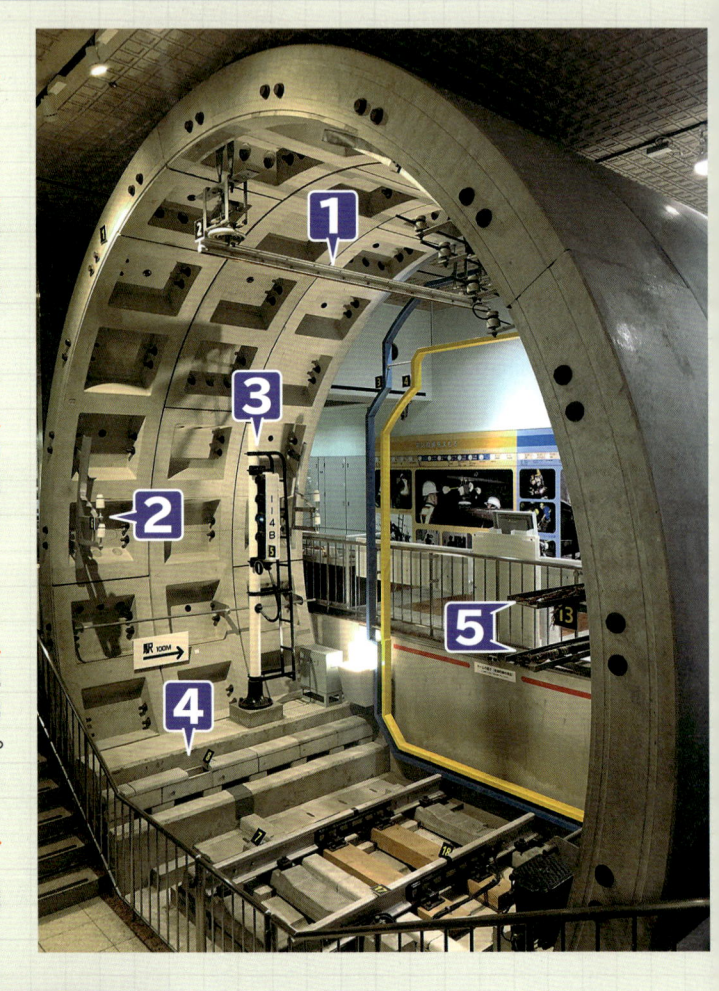

注意！ 構築出地下鐵隧道的環片

以潛盾工法（➡ P99）建造的地下鐵隧道壁面，是由被稱為「環片」的混凝土區塊組合而成。環片具有很高的耐久性，可以防止土砂和地下水滲入，讓隧道變得更加堅固。

環片的原文「Segment」有部分、區段之意

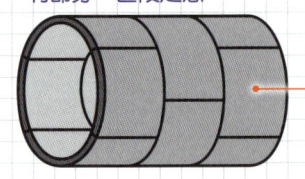

環片

地下鐵的建造方法

一起來了解兩種工法吧

① 開削工法

又稱為「露天開挖」或「明挖覆蓋工法」，指的是直接挖開地下建造隧道，完工後再覆土至地表的施工方式。早期的地下鐵都是以開削工法興建，如今在淺層區域開鑿隧道時，仍會採用這種方式。

以開削工法建造的隧道，會呈現四角的箱型結構

1962年東京Metro地鐵（當時為營團地下鐵）日比谷線的建設工程，就是在道路沿線的商店旁，直接從地表往下開挖

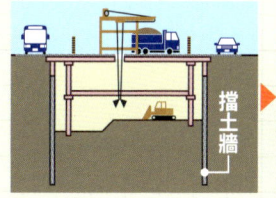

1 為防止周圍的土砂崩塌，會先築起擋土牆保護，再開始挖掘地面

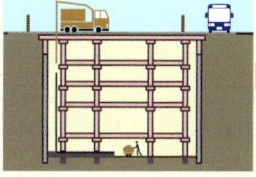

2 在已挖掘的區域架設支柱，並用混凝土固定周圍

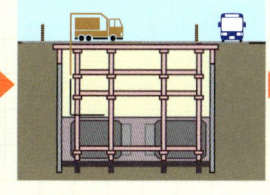

3 組裝環片，灌入混凝土後完成隧道

4 在隧道中建造車站等設施，接著進行回填，恢復地面道路的原貌

② 潛盾工法

利用名為「潛盾機」的機器，像鼴鼠般在地下挖掘推進的施工方式。挖掘完成後，就直接在機器內組裝環片打造出隧道。在上下水道等地下設施密布的市中心，即可採用這個方式於地下深處挖掘隧道，也很適合用在地質較軟的區域。不只能構築圓弧狀的隧道，橢圓形或四角形也沒問題。

潛盾機的前端為裝有刀刃的圓盤（切削轉盤），圓盤會頂住土壤並旋轉，邊削除前方的土壤，邊往前推進挖掘

第4章 地下鐵

由於地下鐵的能見度不佳，因此會安裝若超過限速即啟動剎車的「列車自動控制裝置（ATC）」等設備，以提高安全性

99

路線相接更加便利？
透過相互直通前往各處

「相互直通運行」是指不同的鐵道業者將彼此的路線串聯起來，讓車輛可以互相行駛至對方的鐵道。以下就來看看詳細的介紹吧。

相互直通運行 關注重點 1｜首都圈

完成巨大的鐵道網路

2023年，相鐵新橫濱線（西谷～新橫濱間）和東急新橫濱線（新橫濱～日吉間）開業，橫跨東京都、神奈川縣和埼玉縣，長度約250km的鐵道網路就此誕生。同時也展開相互直通運行的模式，從神奈川不需轉乘就能穿越都心前往埼玉縣，但運行系統也變得十分複雜。

相鐵新橫濱線通車後，從相模鐵道（相鐵）沿線前往都心的交通也方便許多

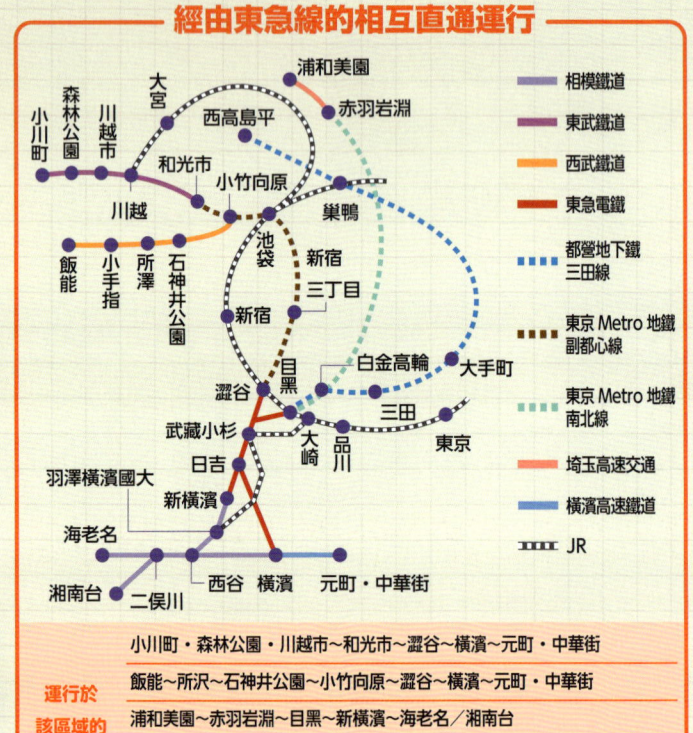

經由東急線的相互直通運行

圖例：
- 相模鐵道
- 東武鐵道
- 西武鐵道
- 東急電鐵
- 都營地下鐵三田線
- 東京Metro地鐵副都心線
- 東京Metro地鐵南北線
- 埼玉高速交通
- 橫濱高速鐵道
- JR

運行於該區域的主要列車	
小川町・森林公園・川越市～和光市～澀谷～橫濱～元町・中華街
飯能～所澤～石神井公園～小竹向原～澀谷～橫濱～元町・中華街
浦和美園～赤羽岩淵～目黑～新橫濱～海老名／湘南台
大宮～新宿～大崎～武藏小杉～羽澤橫濱國大～海老名
西高島平～目黑～新橫濱～海老名／湘南台

相互直通運行雖然帶來便利性，但另一方面也會出現班次混亂等「副作用」

注意！ 相互直通運行的優缺點

優點	缺點
不需轉乘即可直接相連	**列車誤點的影響範圍變大**
即使是不同鐵道公司的路線，一台列車也能搭到底，可縮短移動的時間	若某條路線發生列車延誤等狀況，也會波及到其他的路線
緩解樞紐車站的擁塞	**車資可能變貴**
由於不需要轉乘，可減少在樞紐車站換車的乘客人數	若利用不同鐵道公司的路線，必須各支付一次「基本車資」，因此票價會變高

行經逢坂山的急彎時會因摩擦而產生巨大噪音，所以裝設了灑水器來降低噪音

接近琵琶湖濱大津站時，列車就像路面電車一樣行駛於馬路上。氣勢非凡的鐵道列車奔馳而過，相當特別

相互直通運行 關注重點2｜京都・滋賀

京阪京津線的運行路線

饒富變化的京津線魅力

行駛於御陵～琵琶湖濱大津間的京阪京津線，與京都市交通局東西線進行相互直通運行，可直接駛入京都市中心。京津線有部分區間會穿越逢坂山，得行經連續的陡坡和急彎，在大津市區甚至還與汽車並行在馬路上。一趟列車就能體驗到地下鐵、山岳鐵道和路面電車的樂趣，因此大受歡迎。

東西線的各站皆安裝了從地板到天花板整個包覆的全高式月台門

在陡坡路段設有月台的京津線大谷站

第4章 地下鐵

小知識

大阪交通的「骨幹」!?

南北貫穿市中心的Osaka Metro御堂筋線，可與JR線的新大阪、梅田（大阪）、天王寺等站相接，也與阪急、阪神、京阪、近鐵、南海等主要私鐵相連，簡直就是大阪交通的「骨幹」。由於已經有以御堂筋線為中心的路線網，所以大阪並沒有如首都圈般能橫跨廣大區域的相互直通運行系統。

Osaka Metro御堂筋線的運行路線

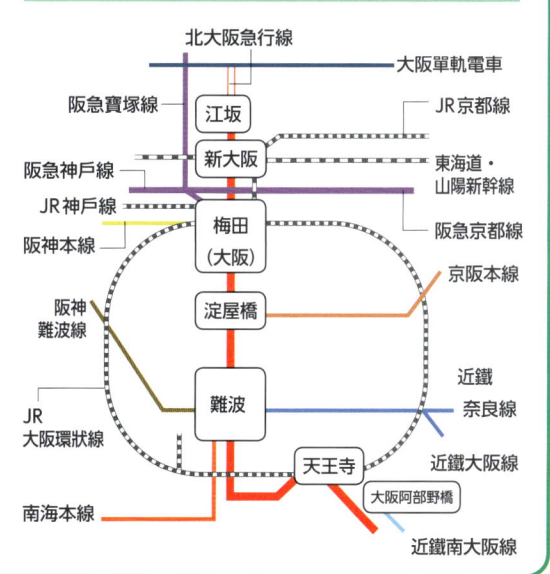

御堂筋線從北到南貫穿大阪的市中心。由於轉乘人數眾多，主要車站常擁擠不堪

地下鐵冷知識

1 為什麼地下鐵的路線有高低起伏呢？

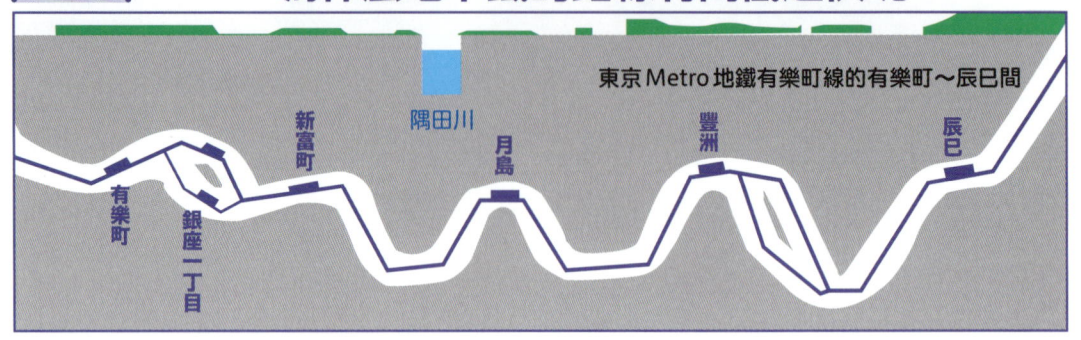

東京Metro地鐵有樂町線的有樂町～辰巳間

有樂町／銀座一丁目／新富町／隅田川／月島／豐洲／辰巳

有些地下鐵的隧道會刻意設計成有高有低的起伏。若將車站設在較淺的位置，車站之間呈現深碗狀的傾斜角度，如此一來列車出站時就能順著下坡加速，接近下個車站時，又能靠著上坡自然減速。透過這樣的設計可省下行駛的耗電量，達到節能運行之目的。東京Metro地鐵有樂町線的部分區間就是採用此設計。

2 地下鐵車輛有哪些其他電車沒有的特徵呢？

地下鐵車輛的頭尾兩端車廂，一定會在前方設置「貫通門」。由於隧道狹窄，有時軌道旁邊並無避難空間，因此在緊急狀況時，可經由貫通門安全撤離。

3 即使下大雨，地下鐵仍然安全嗎？

為因應創紀錄的豪雨，地下鐵事先制定了各種對策。以車站的出入口為例，會設置約30cm高的「止水板」擋住水流，並透過「防水門」封鎖出入口，防止水流入。

照片中是假設停電導致地下鐵停止運行的避難引導訓練，會從駕駛座利用梯子走下軌道進行避難

為防止大雨導致車站內部淹水，因此設有防水門

第5章

特色列車

單軌電車、AGT、路面電車、蒸汽機關車……，探究各種鐵道的祕密。

填補地下鐵和巴士的不足

膠輪電車「AGT」

活躍於中運量的交通系統

　　AGT是以裝有膠輪的小型車輛，行駛於混凝土軌道上的運輸系統。雖不具備運輸大量乘客的能力，卻是可支援地下鐵和巴士不足之處的中運量交通工具。AGT不像地下鐵需要大型設施，又能透過電腦達到全自動無人駕駛，因此能夠降低建設費用與營運成本。目前服務於「New Shuttle」的2020系列車，採單人操作的運行方式，外觀設計俐落洗鍊。

駕駛室
New Shuttle的駕駛室與客室之間的隔間窗很大，可從駕駛座後方享受前面的展望視野。

架空電車線
輸送電力給車輛的電線。一般鐵道會架設在軌道的上方，但New Shuttle是設置在行駛軌道的側面。

2020系的特色是車頭採六角型設計。以6節車廂為一編組，總共有5列編組且車身顏色都不一樣

行走輪・導引輪
分成為了行駛於軌道上的粗大行走輪，以及沿著軌道側面運行的導引輪。行走輪的內部有名為「型芯」的金屬，即使爆胎也能靠著型芯維持車身穩定並確保安全。

AGT 是 Automated Guideway Transit（自動導軌運輸系統）的略稱，也被稱為「新交通系統」。以下將介紹以 AGT 運行的埼玉新都市交通（New Shuttle）2020 系列車。

埼玉新都市交通 伊奈線（New Shuttle）　※圖例 P106　■埼玉縣　■大宮～內宿　■12.7km

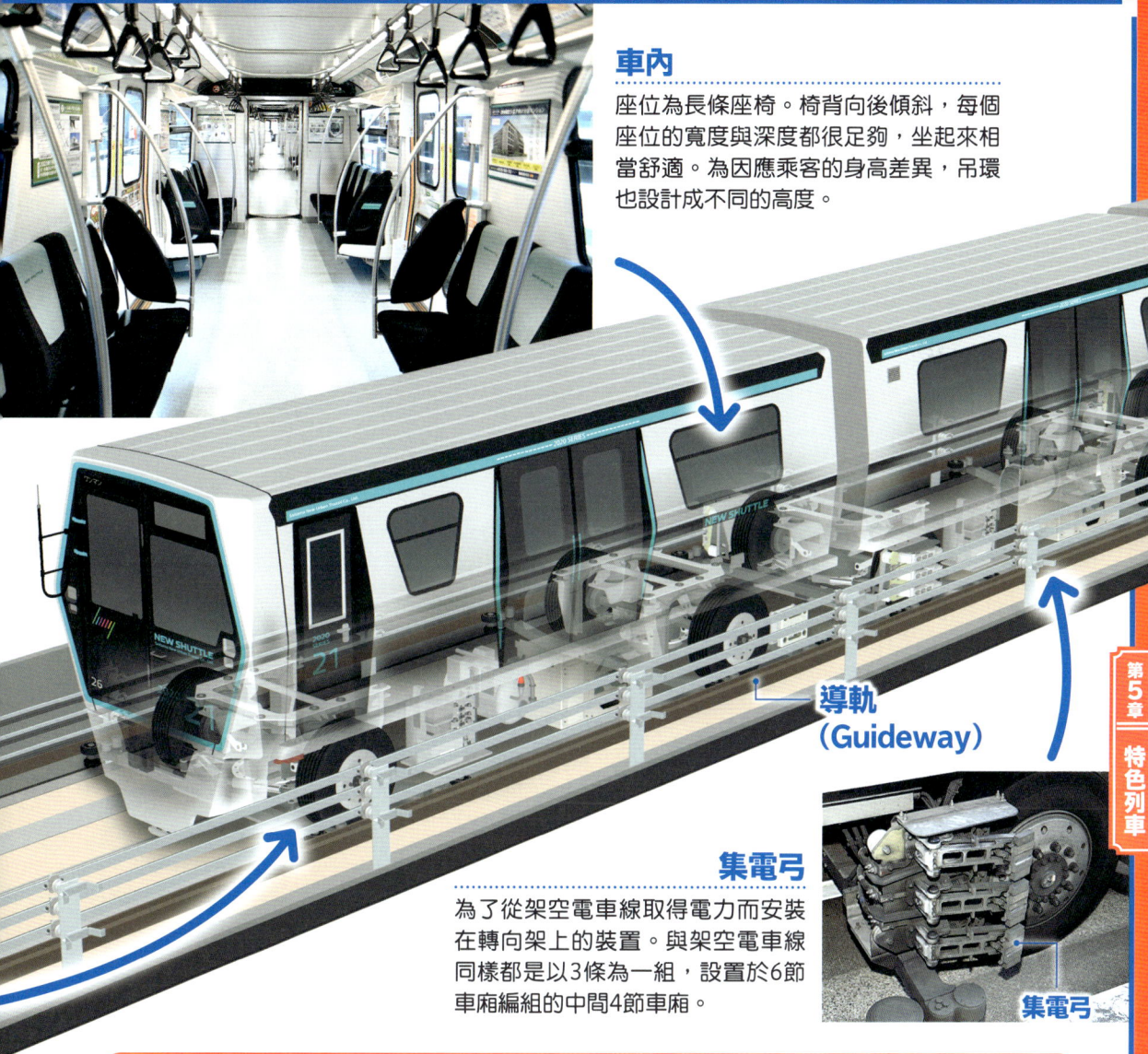

車內
座位為長條座椅。椅背向後傾斜，每個座位的寬度與深度都很足夠，坐起來相當舒適。為因應乘客的身高差異，吊環也設計成不同的高度。

導軌（Guideway）

集電弓
為了從架空電車線取得電力而安裝在轉向架上的裝置。與架空電車線同樣都是以3條為一組，設置於6節車廂編組的中間4節車廂。

第5章 特色列車

注意！ AGT 的運行機制

日本的AGT以「側式導軌」最為常見。這種方式是導引輪緊貼著設在行駛軌道側面的導軌，讓車輛沿著導軌前進。行駛路線大多以高架橋方式建造，與道路呈立體交叉所以沒有平交道，也不會受到道路交通的影響。

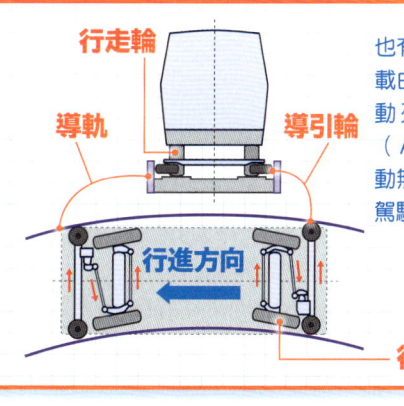

也有些AGT路線搭載由電腦控制的自動列車運行系統（ATO），能啟動無駕駛員的自動駕駛模式。

行走輪／導軌／導引輪／行進方向／行走輪

埼玉新都市交通的行駛軌道，位於東北・上越新幹線高架橋的突出部分，彷彿緊貼著新幹線並行

105

使用膠輪行駛

日本的AGT

■都道府縣　■區間　■總距離

埼玉新都市交通伊奈線（New Shuttle）
➡P104

日本目前營運的AGT有10條路線，主要作為連接新市鎮等再開發地區與市中心的交通工具。

1 百合海鷗
東京臨海新交通臨海線（百合海鷗）

■東京都　■新橋～豐洲　■14.7km

連接填海造陸而成的東京臨海副都心與市中心，沿途可以欣賞台場的街景。

2 東京都交通局
日暮里・舍人線

■東京都　■日暮里～見沼代親水公園　■9.7km

為鐵道尚未開通前的舍人地區等足立區西部的交通工具，使用車輛有300型、320型和330型共3種。

3 西武鐵道
山口線（LEO LINER）

■東京都・埼玉縣　■多摩湖～西武球場前　■2.8km

將原本作為遊樂園設施所鋪設的軌道轉用於AGT，為唯一由大型私鐵營運的AGT路線。

4 山萬
尤加利丘線

※以尤加利丘為起點的環狀線

■千葉縣　■尤加利丘～公園　■4.1km

考量居民的便利性，由住宅開發公司「山萬」為自建的新市鎮「尤加利丘」所開設的路線。

日本的AGT以側式導軌為大宗，但尤加利丘線採用「中央導軌」，即導引輪貼合位於車輛底部中央的導軌行駛

橫濱海岸線
金澤海岸線
- ■神奈川縣 ■新杉田～金澤八景 ■10.8km

連接橫濱市金澤近海填海地區的交通工具，沿途會經過觀光景點「橫濱八景島海島樂園」。

Osaka Metro
南港港城線
（New Tram）
- ■大阪府 ■宇宙廣場～住之江公園 ■7.9km

前往大阪南港人工島的新市鎮「南港港城」的交通工具，車身的配色會依編組而異。

神戶新交通
港灣人工島線
（Port Liner）
- ■兵庫縣 ■三宮～神戶機場／市民廣場～北埠頭～中公園 ■10.8km

為日本第一條正式營運的AGT路線，也是世界首條無人駕駛的鐵道路線。連結漂浮在神戶港的人工島「Port Island」與神戶市中心。

神戶新交通
六甲人工島線
（Rokko Liner）
- ■兵庫縣 ■住吉～海洋公園 ■4.5km

前往神戶港人工島「六甲島」的交通工具。使用的車輛除了1000型外，2018年又推出了3000型。

廣島高速交通
廣島新交通1號線
（ASTRAM LINE）
- ■廣島縣 ■本通～廣域公園前 ■18.4km

連接住宅開發蓬勃發展的廣島市郊外與市中心。行經市區時，會將軌道延伸到地面下，以地下鐵的型式來運行。

第5章 特色列車

都市交通的救世主！？
未來的交通工具「單軌電車」

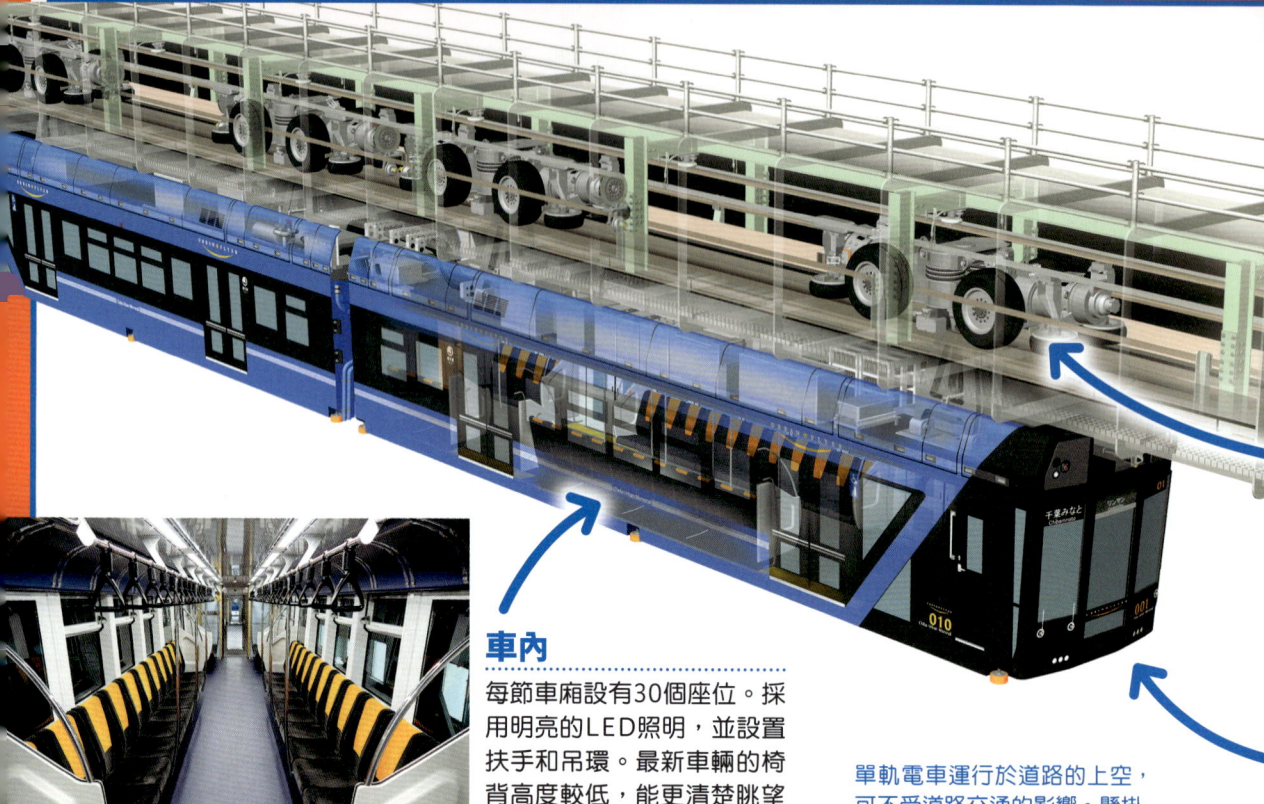

車內
每節車廂設有30個座位。採用明亮的LED照明，並設置扶手和吊環。最新車輛的椅背高度較低，能更清楚眺望窗外的景色。

單軌電車運行於道路的上空，可不受道路交通的影響。懸掛式單軌電車即使在急彎路段也能輕鬆通過

注意！ 單軌電車有兩種類型

懸掛在軌道下方 懸掛式
- 架空電車線
- 行走輪
- 軌道
- 導引輪

行走輪在箱型軌道內行駛，導引輪沿著側面運行維持車體的穩定。引入車輛所需電力的架空電車線設在上方。

跨座在軌道上方 跨座式
- 行走輪
- 導引輪
- 架空電車線
- 軌道

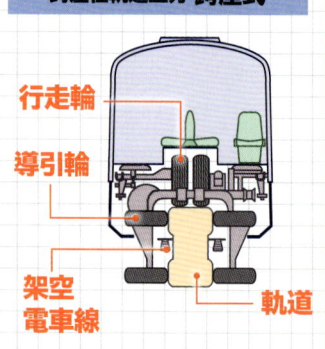

行走輪在混凝土製成的軌道上行駛，導向輪從兩側夾住軌道來保持穩定。軌道的中央設有供應電力的架空電車線。

108

單軌電車（Monorail）意指車輪行駛在單一（mono）的軌道（rail）上，為主要用於都市間移動的獨特交通方式。以下將用千葉都市單軌電車的「URBAN FLYER 0型」為例來說明其特徵。

千葉都市單軌電車 ※圖例 P110 ■千葉縣 ■千葉港～縣廳前／千葉～千城台 ■15.2km ■懸掛式

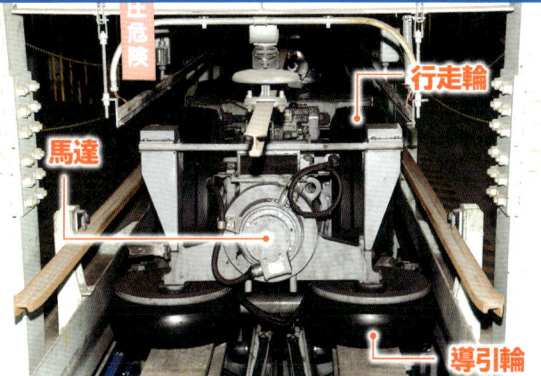

有效活用道路上空！

1960年代以後，都市的道路壅塞情況變得嚴重，新型交通工具的需求開始浮現，當時受到注目的就是能有效利用道路或河川上空的單軌電車。由於單軌電車採用膠輪，因此具有噪音少、震動小等優點。千葉都市單軌電車的「URBAN FLYER 0型」，駕駛座的前方整面都是窗戶，可以享受視野絕佳的「空中漫步」。

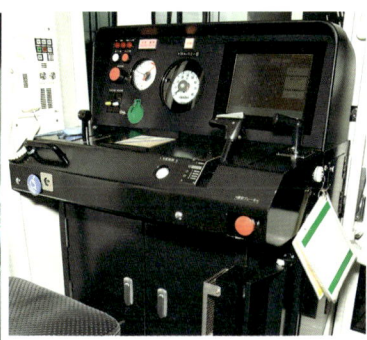

轉向架
由行駛於軌道的行走輪、控制車輛行進方向的導引輪，以及獲取電力的集電弓、驅動電車的馬達等裝置所組成。

配置在轉向架的膠輪，行走輪和導引輪加起來共有8個

控制台
駕駛座的前方是一整片窗戶，視野極佳。駕駛室中央的地板有部分由玻璃構成，能看到正下方的道路，可體驗些許刺激感。前方的窗戶也設有緊急用的貫通門。

採用與剎車整合為一的單把手主控制器，把手向前推即加速，向後拉為剎車

擁有「URBAN FLYER 0型」的千葉都市單軌電車，全線的營業距離為15.2km，是全世界最長的懸掛式單軌電車

第5章 特色列車

奔馳於空中

日本的單軌電車

單軌電車是為了舒緩道路壅塞而導入的「王牌」，因此主要活躍於大都市。由於行駛於高處能俯瞰街景，視野開闊也是優點之一。

■都道府縣　■區間　■總距離　■車輛型式

千葉都市單軌電車 ➡P108

1 東京單軌電車

■東京都　■羽田機場第 2 航廈～單軌電車濱松町
■17.8km　■跨座式

連結東京都心和羽田機場的機場聯絡線。因預期外國觀光客人數會增加，所以趕在1964年東京奧運開幕前通車營運。

2 多摩都市單軌電車

■東京都　■多摩中心～上北台
■16.0km　■跨座式

路線南北貫穿東京都西部的多摩地區，並與JR‧私鐵車站相連接，有些區間還能看到富士山和多摩川。目前該路線已計畫將繼續延伸。

3 迪士尼度假區線

■千葉縣　■度假區總站～度假區總站
■5.0km　■跨座式

連結東京迪士尼度假區內各設施的環狀單軌電車。每列編組的車身顏色都不一樣，車內有米奇造型的窗戶和吊環，極具特色。

©Disney

全世界第一台單軌電車據說是 1824 年由英國製造，當時是用馬匹拖拉吊掛在木製支柱上的貨物

④ 湘南單軌電車

- ■神奈川縣　■大船～湘南江之島
- ■6.6km　■懸掛式

行駛速度猶如雲霄飛車般的人氣單軌電車。由於路線會穿越丘陵地帶，因此採用了能應對陡坡與急彎的懸掛式單軌電車。

大阪單軌電車

- ■大阪府　■大阪機場～門真市／萬博紀念公園～彩都西
- ■28.0km　■跨座式

為日本最長的單軌電車。橫越大阪府的北部，並連接大阪國際（伊丹）機場和JR、私鐵。也有行經東海道‧山陽新幹線車輛基地附近的路段。

⑤

⑥ 北九州高速鐵道（北九州單軌電車）

- ■福岡縣　■小倉～企救丘　■8.8km　■跨座式

以北九州市中心的小倉站為起點，一路往市郊住宅區延伸。在並行的路面電車廢除後，單軌電車開始營運。單軌電車的車輛基地就設在企救丘的前方位置。

注意！ 單軌電車從大樓飛出來!?

北九州單軌電車的起點是小倉站。由於軌道貫穿小倉站車站大樓的3～5樓，單軌電車看起來就像是從大樓中飛出來般，充分展現了單軌電車能有效運用有限空間的優點。

⑦ 沖繩都市單軌電車（Yui-Rail）

- ■沖繩縣　■那霸機場～日子浦西站
- ■17.0km　■跨座式

為解決交通壅塞問題而營運的單軌電車，也是沖繩縣唯一的鐵道路線。以那霸機場為起點，可通往眾多觀光客會造訪的國際通及首里城等地。

第5章　特色列車

111

既復古又創新 與街景融合的 路面電車

在市區行駛的路面電車,是長久以來受到當地人愛用的交通工具。最近隨著LRT（新世代路面電車）的登場,其價值也再次引發關注。

與汽車並行的電車

路面電車的行駛軌道,就鋪設在汽車來來往往的一般道路上。以前日本各地都有路面電車運行,但隨著汽車的數量增加,在1960～70年代陸續被廢除。近年來超低底盤車輛的LRT加入營運後,任何人都能輕鬆利用的路面電車又開始受到矚目。

路面電車也必須遵守交通號誌。當路面電車專用號誌亮起如照片中的黃色箭頭,代表只有路面電車可以右轉

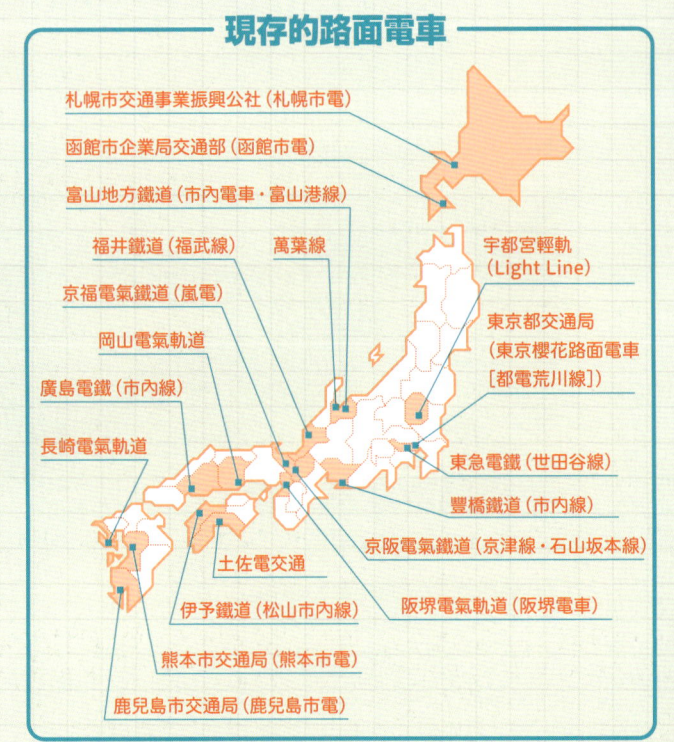

現存的路面電車

- 札幌市交通事業振興公社（札幌市電）
- 函館市企業局交通部（函館市電）
- 富山地方鐵道（市內電車・富山港線）
- 福井鐵道（福武線）
- 萬葉線
- 京福電氣鐵道（嵐電）
- 岡山電氣軌道
- 廣島電鐵（市內線）
- 長崎電氣軌道
- 土佐電交通
- 伊予鐵道（松山市內線）
- 熊本市交通局（熊本市電）
- 鹿兒島市交通局（鹿兒島市電）
- 宇都宮輕軌（Light Line）
- 東京都交通局（東京櫻花路面電車［都電荒川線］）
- 東急電鐵（世田谷線）
- 豐橋鐵道（市內線）
- 京阪電氣鐵道（京津線・石山坂本線）
- 阪堺電氣軌道（阪堺電車）

富山港線是日本首次導入LRT的路線。超低底盤的車廂與月台高度並無落差,使用輪椅的乘客也很方便搭乘

鹿兒島市電在規劃時,也有考量到整體景觀,於部分區間的軌道周邊種植草皮打造出「綠色地毯」

2023年8月開業的宇都宮輕軌,是日本相隔75年再度推出的新路面電車,當時蔚為話題

*LRT是指興建專用軌道、導入超低底盤車輛等以現代化方式建設的交通系統,也被稱為「新世代型路面電車」。

廣島電鐵的市內線擁有約 19km 長的路線網，以日本規模最大的路面電車聞名。例如引進了 1000 型「Green Mover LEX」等超低底盤車輛，深受廣島市民的愛用

知名的路面電車

札幌市交通事業振興公社（札幌市電）

Sasara電車

用來清除軌道上積雪的車輛。透過旋轉安裝在車頭前方的竹製掃帚「Sasara」，將積雪剷除乾淨。

函館市企業局交通部（函館市電）

箱館高領號

重現大正時代至昭和初期曾在函館市內運行的電車。除了駕駛員外還有隨車的車掌，並以車掌發放車票的傳統方式來運作。
※運行時間為每年4月～10月

廣島電鐵（市內線）

被曝電車

於1945年廣島原子彈爆炸中受損，但馬上就恢復行駛的650型車輛。目前仍有3台持續運行至今。

阪堺電氣軌道（阪堺電車）

Mo 161型

1928年出廠，為日本現役車輛中最古老的電車。目前僅存4台，用於活動期間的限定行駛或包車。

第5章 特色列車

以前發車時會有「叮叮」的聲音信號，因此路面電車又被稱為「叮叮車」

113

廢止達50年之久

蒸汽機關車過去曾是鐵道的主角。因行進間會排放煤煙，逐漸不受青睞，於1975年前全數停止營運，並改由電力機關車等車輛取代。

JR西日本
SL山口號
- 山口線（新山口～津和野）
- C57型1號機、D51型200號機

主要是由1938年製造的D51型蒸汽機關車負責牽引，客車共有5節車廂。

鐵道的始祖

氣勢十足的蒸汽機關車

一邊冒著煙，一邊牽引客車或貨車行駛的蒸汽機關車（SL）。如今雖已不再作為營業列車運行，但作為觀光列車仍很活躍。

蒸汽機關車的各部位名稱

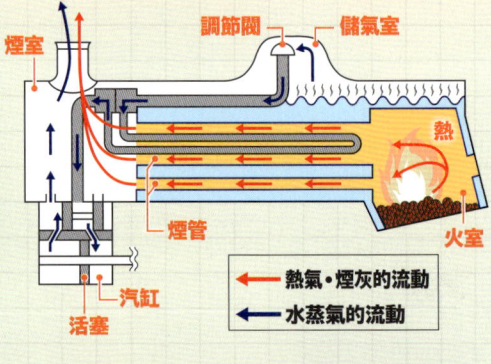

1. 煙囪
2. 頭燈
3. 煙室門
4. 除煙板（Deflector）
5. 砂箱
6. 鍋爐
7. 汽缸
8. 駕駛室
9. 導輪
10. 動輪
11. 從輪
12. 主連桿

火室內燃燒煤炭後排出熱氣和煙灰，經過煙管時會加熱鍋爐裡的水。此時產生的水蒸氣被集中起來，並透過管道送至汽缸

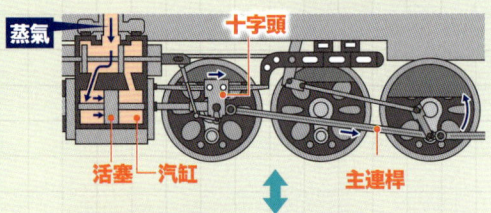

→ 熱氣・煙灰的流動
→ 水蒸氣的流動

送入汽缸的蒸氣驅動活塞往左右移動，將動力輸送至十字頭，並透過主連桿轉動動輪

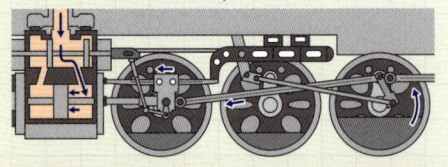

114

■區間　■使用的蒸汽機關車

東武鐵道
SL大樹・
SL大樹「Futara」

■東武日光線・東武鬼怒川線
　（下今市～東武日光・鬼怒川溫泉）
■C11型123號機、207號機、325號機

由三款蒸汽機關車其一牽引3節客車來運行。照片中的C11型蒸汽機關車207號機，由於設置在正面的兩個頭燈看起來就像螃蟹的雙眼，因此又被稱為「螃蟹眼」。

JR東日本
SL磐越物語號

■磐越西線（新津～會津若松）
■C57型180號機

由暱稱為「貴婦人」且外觀優美的C57型蒸汽機關車負責牽引。客車內重現了大正時代的氛圍，還設有可供兒童玩耍的「白鼬遊戲室」及觀景室等空間。

第5章　特色列車

注意！ 蒸汽機關車的種類・型式名稱

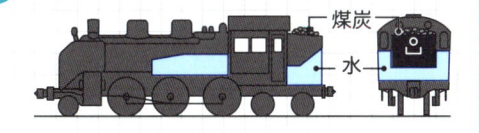

水櫃式
　　　　　　　　　　　煤炭
　　　　　　　　　　　水

煤水式
　　　　　　　　　　　煤炭
　　　　　　　　　　　水

機關車本身附有水櫃和煤炭櫃的是「水櫃式」，而將裝有水和煤炭的煤水車加掛在機關車後方的是「煤水式」。

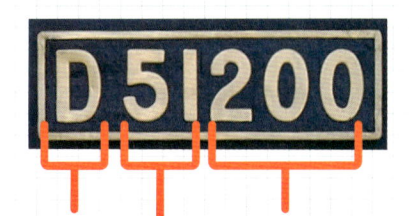

D 51 200

【動輪軸數】
B　2根
C　3根
D　4根
E　5根

【型式編號】
10～49　水櫃式機關車
50～99　煤水式機關車

【製造編號】
同一型式的製造順序

首字「D」代表從側面看蒸汽機關車會有4根動輪軸，「C」則是3根動輪軸；數字「51」代表在「D」型蒸汽機關車中，作為煤水車式製造的第2款型式；數字「200」代表是第200號。

世界上第一台蒸汽機關車是1804年由英國的崔維西克（Richard Trevithick, 1771～1833）所製造

115

活躍於山路的鐵道

擅長於陡坡路段

地面纜車

透過捲動繫在車輛上的鋼纜（纜索），可行駛於陡坡軌道上的交通工具。全日本有20多條地面纜車路線，大多是以觀光為目的建造，能直接通往視野絕佳的山頂。

御岳登山鐵道（東京都）的地面纜車

注意！ 地面纜車的構造

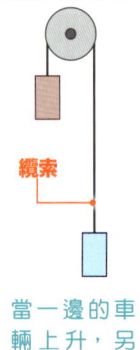

地面纜車的運行方式

地面纜車的車輛沒有馬達，所以無法自力行駛。連結兩台車輛的纜索鋪設在軌道的中央，啟動捲揚機即可讓車輛上下移動。為了車內的照明和通訊，有時車頂也會設置集電弓。

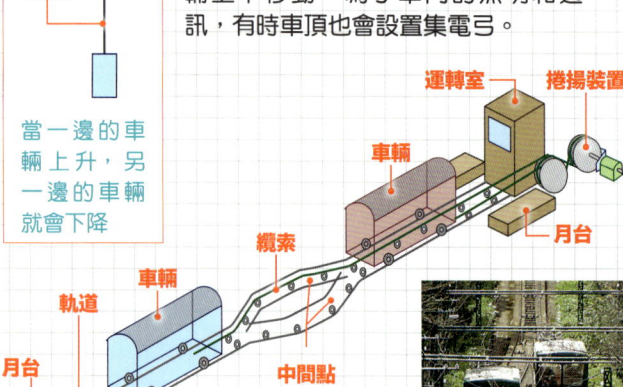

當一邊的車輛上升，另一邊的車輛就會下降

纜索、軌道、車輛、月台、中間點、運轉室、捲揚裝置

雖然只有一條軌道，但中間點設有兩台車輛交會用的複線區間

御岳登山鐵道的纜索，是由100條以上的鋼絲組合而成

纜索會進行日常性的檢查，並定期全部更換

地面纜車的安全對策

由於地面纜車行駛於陡坡上，纜索若斷裂可是件大事。因此設有從軌道兩側緊緊夾住車輛的緊急剎車等裝置，以提高安全性。

由於鐵製的軌道和車輪容易打滑，不擅長行駛陡坡正是鐵道的弱點所在。因此，在山路會利用地面纜車或空中纜車這樣的特殊鐵道，輕鬆通往山頂。接下來就看看纜車的構造與特殊設計吧。

空中纜車

在空中架設鋼纜，將載人的纜車懸掛在纜索上使其移動。建造的時候可不受周圍的地形影響。

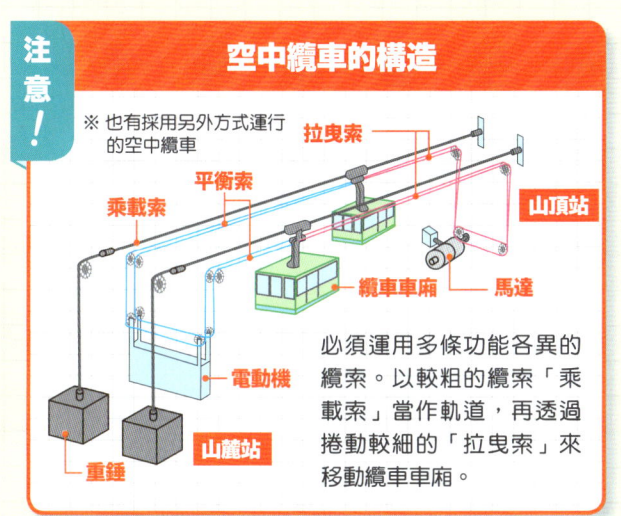

注意！

空中纜車的構造

※ 也有採用另外方式運行的空中纜車

- 拉曳索
- 平衡索
- 乘載索
- 山頂站
- 纜車車廂
- 馬達
- 電動機
- 山麓站
- 重錘

必須運用多條功能各異的纜索。以較粗的纜索「乘載索」當作軌道，再透過捲動較細的「拉曳索」來移動纜車車廂。

須磨浦空中纜車（兵庫縣）

小知識

普通鐵道為了行駛陡坡而做的特殊設計

使用鐵製車輪的一般列車容易在上下坡時打滑，無法行駛於陡坡路段。因此，藉由邊切換列車的行進方向，邊沿著Z字形曲折前進的「折返式路線」（Switchback）設計，可以讓鐵道的坡度變得平緩。在箱根登山電車的途中，就有3段折返式路線。

折返式路線的例子

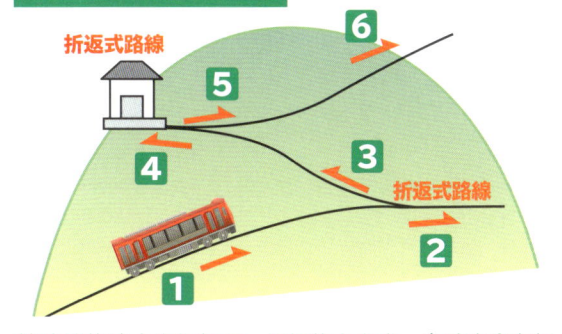

折返式路線

1 → 2 → 3 → 4 → 5 → 6

於陡坡的途中進行折返，慢慢往上爬升。有時也會在折返式路線的地點設置車站。由於車輛的運行方向會變成相反，所以駕駛員和車掌也得互換位置

箱根登山電車（神奈川縣）是日本數一數二的山岳鐵道，穿梭於險峻山路綿延的箱根山岳地帶

從折返式路線地點，可以看出上行與下行的軌道分別往不同的方向延伸

第5章 特色列車

117

只有這裡看得到 獨一無二的鐵道

DMV（雙模式車輛）

將巴士與列車合而為一的「新世代交通工具」。外觀看起來就像是一台小巴，但車底除了輪胎外還備有鐵製車輪，在道路和鐵道皆可行駛。

注意！

DMW 的運作方式

鐵道模式（行駛軌道） — 切換模式（巴士・鐵道的切換點） — 巴士模式（行駛道路）

鐵道・巴士的模式切換只需 15 秒

在一般道路，與普通巴士一樣使用輪胎運行；在鐵道時，則收起前輪，改由鐵製車輪下降到軌道，並透過後輪的輪胎與軌道接觸提供動力前進。

當鐵製車輪放下時，車體的前方會被抬高

阿佐海岸鐵道
- 德島縣
- 阿波海南～甲浦（鐵道區間）
- 10.0km

全世界唯一將DMV正式投入營運的鐵道公司，導入之目的是為了促進地區發展。

導軌巴士

在一般道路上以巴士形式運行；在專用軌道上沿著導軌前進，不需使用方向盤來操作。於交通流量龐大的市區設置專用軌道，就能確保順暢運行。

安裝在巴士底部的導引輪，就與 AGT（➡P104）一樣沿著專用軌道兩側的導軌前進

名古屋導軌巴士
（Yutorito Line）
- 愛知縣
- 大曾根～小幡綠地（專用軌道區間）
- 6.5km

從名古屋市北部總站，利用高架的專用軌道穿越大曾根市區，在郊區則行駛於一般道路上。

由於行駛在專用軌道時不需操作方向盤，因此在日本法律上被歸類為鐵道

DMV 的製造費用和營運成本皆比鐵道車輛低，因此被視為是乘客人數較少之地方鐵道救世主

接下來要介紹的特殊鐵道，以普通鐵道沒有的獨自系統運行，由於在日本也是獨一無二，有不少觀光客專程前來搭乘。

■都道府縣
■區間
■總距離

常導體磁浮列車

利用電磁石的磁力，讓車體懸浮起來運行的磁浮列車。磁力雖然比超導體方式（➡P28）弱，但行走時不需接觸軌道，所以能減少噪音和震動。

愛知高速交通（Linimo）
■愛知縣　■藤之丘～八草　■8.9km

2005年開業，為日本第一條正式營運的磁浮鐵道

注意！ Linimo 的技術

Linimo的懸浮原理

透過電流通過電磁石產生的磁力，使車體懸浮起來。車體採用從兩側夾緊軌道的構造，當安裝在底部的電磁石通電後，鐵軌與電磁石相吸，促使車體浮起來。

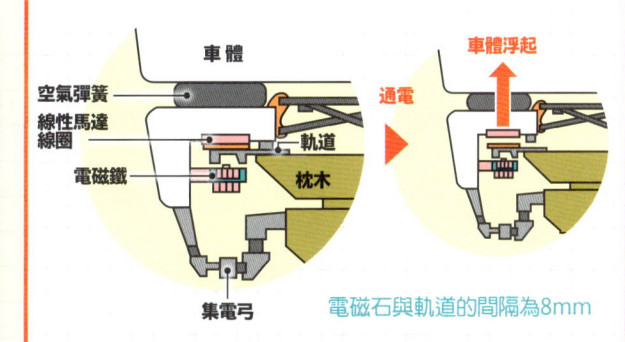

車體／空氣彈簧／線性馬達線圈／軌道／電磁鐵／枕木／集電弓

通電 → 車體浮起

電磁石與軌道的間隔為8mm

Linimo的推進原理

車輛是以線性馬達來驅動。線性馬達是將鐵道和汽車用的旋轉馬達攤平伸展，使馬達的旋轉力轉換成直線推進的動力。

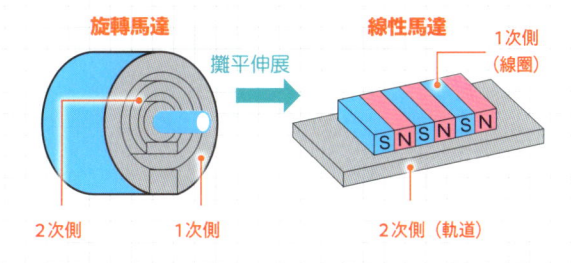

旋轉馬達　攤平伸展　線性馬達
2次側　1次側　1次側（線圈）　2次側（軌道）

第5章　特色列車

還有這樣的夥伴唷

新世代的交通系統「Zippar」

當前正在開發的鐵道。外觀與空中纜車類似，但可透過內建的電池和馬達來自力行駛。與空中纜車相比能更彈性地設置軌道和車站，建造成本也較低，因此目前作為短距離的移動工具備受關注。

能夠在壅塞的道路上方順暢行駛通過

119

> 默默的無名英雄

守護鐵道安全的 各種車輛

> 以前使用的是較難操作的電力機關車,但現在改成了 E493 系電車,操作也變得容易許多

牽引車（JR東日本 E493系）

將故障車等無法自力行駛的車輛,從前方拖拉或是從後方推送來使其移動。

> 裝載道碴的貨車,前後分別連結著牽引用的氣動車

> 雪花四處飛散的模樣也是北海道冬季的名景

碎石運輸車（JR東日本 GV-E197系）

運送鋪設在軌道上稱為「道碴」的碎石。列車行駛時會造成道碴磨損,所以必須定期補充。

鏟雪車（JR北海道 DE15型）

為清除軌道上的積雪,在機關車的前方安裝排雪板,邊鏟除積雪邊前進。

> 為讓 Kiya E195 系能運行於電氣化和非電氣化區間,因此採用氣動車方式

鐵軌運輸車
（JR東日本 Kiya E195系）

運送鐵軌至需要更換的地點。以 11 節車廂為一編組,能載運長達 150m 的長軌。

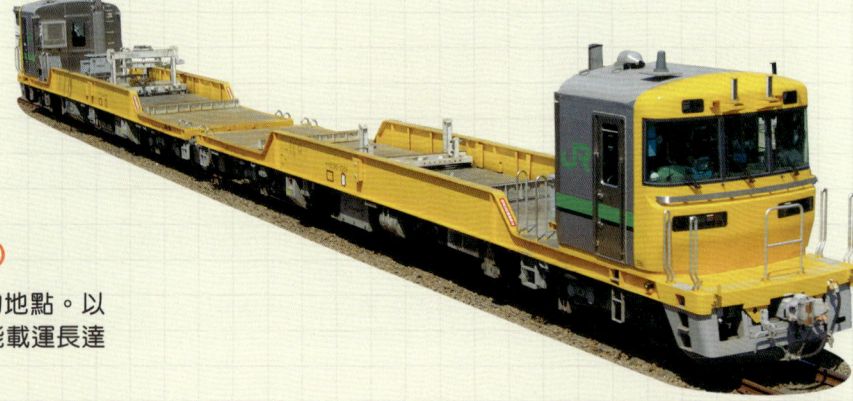

鐵道上還有維修（保養）軌道、架線等各種不同用途的特殊車輛，在背後支撐著營運。由於不會搭載乘客，平時比較沒機會見到，但如果沒有它們，就無法確保鐵道的行車安全。

多功能軌枕搗固車（西武鐵道）

調整列車運行造所成的軌道凹凸或變形，並將道碴壓實。

搗固工具　　固定裝置

以圓盤狀的夾具裝置將鐵軌抬起，再用爪狀的搗固工具插入道碴並施加振動（壓實），使軌道恢復正常的狀態

軌道研磨車（西武鐵道）

磨掉車輪和軌道摩擦所造成的些微變形，讓軌道表面變得平整。

砂輪

讓車底的砂輪旋轉並緊貼鐵軌，在火花四射的同時邊進行磨平作業

軌道工程車（西武鐵道）

牽引裝載著鐵軌、枕木等材料的貨車，運送至工地現場。車上還備有可進行材料裝卸的起重機。

軌陸車（西武鐵道）

小型卡車上備有鐵道車輪，可行駛於一般道路和鐵軌。用於軌道設施的維修等多種用途。

軌陸車後方設有可升降的工作檯，並可旋轉使用

第5章　特色列車

道碴（碎石）具有分散車輛的重量、減緩搖晃與降低噪音的功能

121

運送眾人的物資

力量強大的貨物列車

運送工廠製造的商品等各式各樣物資的貨物列車，目前的主流是以貨櫃來載運貨物，再由具強大動力的機關車牽引載滿貨櫃的貨車前進。

利用貨櫃實現高效運輸

貨櫃運輸指的是利用金屬製的「貨櫃」來運送物資的方式。貨櫃的尺寸有好幾種，常用的12ft貨櫃*大約裝得下400個柑橘紙箱。透過鐵道來運送貨櫃能一次裝載大量的貨物，大幅提升運輸的效率。

在貨物列車進出的貨物轉運站有整排的貨櫃

鐵道貨櫃的運輸流程

收貨（工廠、倉庫、物流中心等） → 拖車運輸 → 貨物轉運站 → 鐵道運輸 → 貨物轉運站 → 拖車運輸 → 配送（工廠、倉庫、物流中心等）

在倉庫或工廠等貨物收集地將物資裝入貨櫃，用大型卡車載運到附近的貨物轉運站。接著將貨櫃移到貨物列車上，運送至目的地附近的貨運轉運站，再將貨櫃移到卡車上，配送到目的地。

使用堆高機將貨櫃舉起，進行轉運作業

貨物轉運站與工廠等地之間，由大型卡車來運送

*12ft 貨櫃約長 3.6m、寬 2.4 m、高 2.5 m。內部鋪有夾板保護運送中的物資

活躍於 JR 貨運的主要機關車

注意！

JR貨物是利用遍佈全日本的JR鐵道路線網，並根據電氣化、非電氣化等區域的特性來區分使用不同的機關車。

EF210型（ECO-POWER桃太郎）

運行於東海道本線、山陽本線等的直流電機關車。自1996年以來，在持續製造的同時，也不斷地進行改良。

EH500型（ECO-POWER金太郎）

於直流和交流電系統皆可行駛的電力機關車。在開發時，就是以一台機關車能從首都圈一路行駛到北海道為前提。

DF200型（ECO-POWER紅熊）

為全日本動力最強的柴油機關車，主要活躍於北海道地區。以柴油引擎發電，再利用電力來驅動馬達。

以貨櫃運送的貨物種類

（JR貨物／日本2022年度）

- 其他 312萬t（17%）
- 宅配等 313萬t（17%）
- 食品工業品 291萬t（16%）
- 209萬t（11%）紙・紙漿等
- 158萬t（9%）化學工業品
- 151萬t（8%）農產品・蔬菜水果
- 131萬t（7%）其他工業品
- 121萬t（7%）化學藥品
- 汽車零件 66萬t（4%）
- 環保相關物資 42萬t（2%）
- 家電・資訊設備 34萬t（2%）

小知識

模式轉變

貨物的運輸方式，從卡車等交通工具轉換為鐵道或船舶。希望藉由轉為大量運輸的方式，減少運輸過程中的二氧化碳（CO_2）排放量，並解決卡車司機人手不足及道路壅塞的問題。

各種運輸方式的 CO_2 排放量（日本2022年度）

- 營業用卡車：208
- 國內航線船舶：43
- 鐵道：20　約為1/10

※ 單位為 CO_2 排放原單位（每行駛 1km 運輸 1t 貨物時的 CO_2 排放量）

第5章　特色列車

一台貨物列車最長能以 26 節車廂為一編組，運輸能力約為 650t，相當於 65 台 10t 卡車的運輸量

全日本的 特色車站

\ 好想去看看！/

從擁有獨特設施的罕見站舍，到作為觀光景點而蔚為話題的人氣車站，以下將為大家介紹散布於日本各地的特色車站。

JR北海道 室蘭本線
小幌站（北海道）
車站就設在兩座隧道之間，僅約80m長的區間內。周圍被海與山包圍，車站附近沒有村莊或聚落，又被鐵道迷們稱為「日本第一的祕境車站」。

JR東日本 五能線
木造站（青森縣）
站舍的外牆上，聳立著以當地遺跡出土的遮光器土偶為主題的巨大雕像。配合列車進出站的時間，土偶的眼睛還會閃閃發光。

JR東日本 奧羽本線
高畠站（山形縣）
車站建築內設有溫泉，剪票口旁就掛著寫有紅色「ゆ」字樣的暖簾，有種不可思議的感覺。也有人會在候車時跑去泡一下湯。

JR東日本 鶴見線
海芝浦站（神奈川縣）
位於大型工廠腹地內的車站，除了工廠人員外，其他人皆不能出站。月台緊鄰著京濱運河，也有人會專程來欣賞這片美景。

124　「祕境車站」是指位於深山等人煙稀少、連開車都難以抵達的地方，散發著祕境氛圍的車站

5

天龍濱名湖鐵道 天龍濱名湖線
濱名湖佐久米站（靜岡縣）

每逢冬天就有成群的紅嘴鷗飛來車站，能夠近距離與牠們互動。

6

長良川鐵道 越美南線
關口站（岐阜縣）

站舍與便利商店「Lawson」合為一體的特色車站。列車進站前都可以待在店內等候，也有助於維護夜間的治安。

7

京阪電氣鐵道 京阪本線
萱島站（大阪府）

萱島神社的神木，穿過高架上的車站月台和屋頂高高聳立著。由於受到當地人的喜愛，因此沒有將樹木移除，而是保存下來。

8

智頭急行 智頭線
戀山形站（鳥取縣）

希望人們「前來」車站的山形地區，因此以同音的「戀」字來命名。整個站舍都被漆上粉紅色，又以能實現戀愛心願的車站而廣受歡迎。　　　　※「前來」的日文發音同「戀」

JR九州 鹿兒島本線
門司港站（福岡縣）

建於1914年的站舍別具風情，是已被列為國家重要文化財的歷史建築物。夜間會打上燈光，營造出夢幻的氛圍。

9

JR四國 予讚線
下灘站（愛媛縣）

月台前方就是伊予灘的絕景車站，能欣賞到美得令人屏息的海景。

10

第5章　特色列車

125

\ 在地風味 /

全日本的 人氣鐵道便當

鐵道便當會使用當地的名產來入菜，因此能輕鬆品嘗到在地的好味道。以下將從各地挑選出最受歡迎的鐵道便當來做介紹。

札幌站（北海道）
石狩鮭魚飯
鮭魚和鮭魚卵是北海道最具代表性的海鮮。便當裡有鮭魚碎肉、醬油醃漬的鮭魚卵及蛋絲，就連視覺上也很賞心悅目。

仙台站（宮城縣）
炭烤牛舌便當
將仙台名產牛舌鋪在麥飯上，再加上醬菜和紅蘿蔔刻花點綴。只要拉開容器旁的繩子就能自動加熱，享受熱騰騰的便當美味。

橫濱站（神奈川縣）
燒賣便當
在當地備受喜愛的招牌便當，甚至被神奈川縣民視為靈魂美食。除了5顆古早味燒賣外，還有醃烤鮪魚、炸雞塊、滷竹筍等多樣配菜。

富山站（富山縣）
富山 鱒魚壽司
富山的鄉土料理「鱒魚壽司」是當地的熱門商品。使用淡粉紅色的新鮮鱒魚製成，容器內鋪的竹葉還會散發出清新香氣。

126　竹葉具有抗菌作用。在沒有冰箱的年代，「鱒魚壽司」曾是傳統的保存食品

5

松阪站（三重縣）
牛太郎便當

以當地著名的松阪黑毛和牛為食材。打開牛頭造型的盒蓋時，還會傳出童謠《故鄉》的旋律。以鹹甜醬汁烹煮的壽喜燒風味牛肉，分量飽滿扎實。

6

明石站（兵庫縣）
蛸壺章魚便當

明石自古以來就盛行用章魚壺捕撈章魚，因此選用了蛸壺造型的原創容器。裡面裝著燉煮軟嫩的章魚、星鰻和當令的季節蔬菜。

7

鳥取站（鳥取縣）
山陰鳥取蟹肉飯

螃蟹是冬季日本海的味覺代表。加入蟹膏一起炊煮的蟹肉飯風味濃郁，上面還有滿滿的蟹肉及一對螯腳。螃蟹造型的容器也相當可愛。

8

有田站（佐賀縣）
有田燒咖哩

上面加了起司的燒咖哩，使用了28種香料手工製作而成，能吃到佐賀牛、佐賀縣產的米等講究食材的道地風味。以當地的名產「有田燒」為容器，吃完後還能當作器皿使用。

第5章　特色列車

鐵道的工作 ①

駕駛小田急浪漫特快

讓人憧憬的電車駕駛員

將眾人安全送達是鐵道駕駛員的使命，穿上制服的模樣既帥氣又可靠。接下來將以小田急電鐵特急列車「浪漫特快」的駕駛員為中心，解說他們工作的樣子。

70000 型「GSE」（➡ P50）是小田急浪漫特快的人氣車型。主要行駛於新宿～箱根湯本間，負責載送前往箱根的旅客

停放在喜多見電車基地的 GSE。將列車從車庫開出執行營運也是電車駕駛員的工作之一，包括啟動電源、升起集電弓等作業流程

也會進行剎車測試等出發前的檢查，準備就緒後須向信號站報告

「安全第一」正是電車駕駛員的使命！

電車駕駛員的工作，就是讓乘客能安全移動到目的地。由於身負重任，即使是鐵道公司的員工，也不是每個人都能立刻當上駕駛員，必須先從站務員做起，累積當車掌的經驗，最後通過國家規定的檢查和考試才行。尤其是小田急浪漫特快需要更高難度的駕駛技術，僅少數駕駛員能夠勝任。

車輛從清晨一路運行到深夜，因此駕駛員會調整勤務時間以輪班的方式執行工作。不只是讓列車按照時刻表行駛，還要負責出發前的檢查、隔天的準備等各種執勤，必須確認自己駕駛的車輛是否安全。

當前進的號誌亮起，駕駛員會進行指差確認，指著號誌同時說出：「出發前進！」再啟動列車。在行駛中，也必須隨時確認前方是否有異常

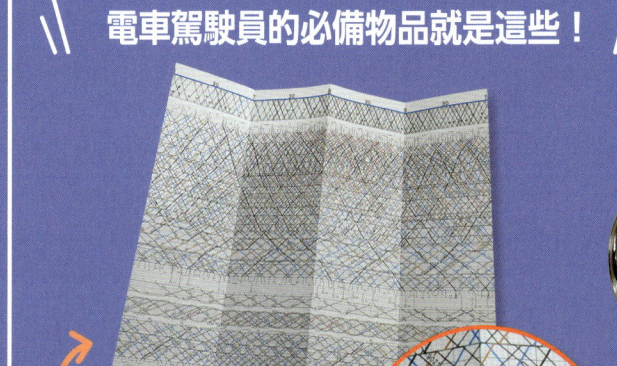

電車駕駛員的必備物品就是這些！

懷錶
執勤時放在控制台上，用來確認時間。上車執勤前必須將時間精確調整到「秒」的單位

列車運行圖
顯示列車運行計畫的圖表。縱軸是車站名稱，橫軸為時間刻度，將每班列車在各站的到達、出發和通過時間用線連接起來

主控制器鑰匙
用來操作控制台的鑰匙。若沒有這把鑰匙，就無法啟動控制台

鐵道的工作

129

\ 專訪小田急浪漫特快的駕駛員 /

將大量乘客安全送達目的地時成就感格外不同！

駕駛員的工作情況怎麼樣？執勤中會思考些什麼？如何確保行車安全？接下來將訪問現役的駕駛員，聽聽他分享每日的工作內容。

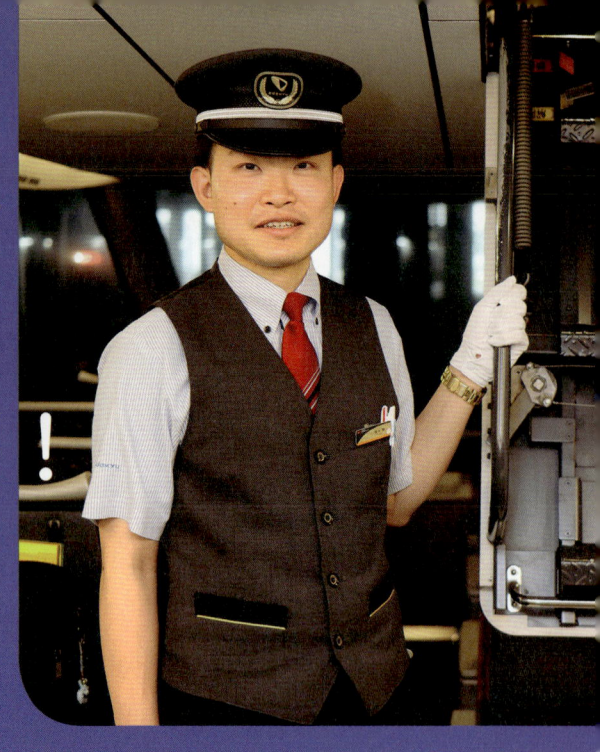

小田急電鐵
喜多見乘務所 主任駕駛員

青木 翔

2012年進入小田急電鐵任職。歷經站務員、車掌的職務後，自2015年起隸屬於喜多見電車區（現在的喜多見乘務所）。

Q1 想成為電車駕駛員的契機是什麼？

小時候去箱根旅行的時候，搭過小田急浪漫特快，我還記得當時的乘務員很親切，不僅一起拍照、讓我試戴帽子，還給我摸了一下駕駛用的主控制器鑰匙……，因為非常感動，讓我開始憧憬成為一名駕駛員。我出生成長的地方就在小田急線的沿線，對小田急電鐵再熟悉不過了。

Q2 平常工作是怎麼安排時間的？

駕駛員的工作時段有「日班」、「過夜」、「隔日早班」三種。「日班」就是前一晚可以在自家好好睡一覺，早上到公司上班後，一直工作到傍晚，中間會固定安排休息時間；「過夜」是當天執勤結束後，入住公司指定的住宿設施；「隔日早班」即隔天一早繼續工作到中午左右。「過夜」和「隔日早班」是固定的搭配組合，所以是兩天一夜的工作排程。雖然工作班表不固定，但會顧及健康狀況確保睡眠和休息的時間。

青木翔的工作排程概況

日班	7:00 上班	7:30 上班確認	8:00 開始執勤	12:00 午餐	17:00 下班	
過夜	13:00 上班	14:00 上班確認	14:30 開始執勤	18:00 晚餐	翌日1:00 結束執勤	在住宿設施盥洗・就寢
隔日早班	6:00 起床	6:30 上班確認	7:00 開始執勤	10:00 早餐	12:30 下班	

「上班確認」指的是駕駛員在執勤前進行的確認程序。上班確認前，駕駛員必須換好制服，接著開始確認當天的勤務內容

鐵道的工作①

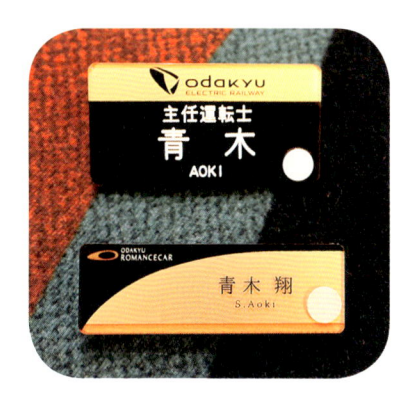

除了乘務員的名牌（上）外，擁有小田急浪漫特快駕駛資格的駕駛員，還會配戴另一個專屬名牌（下）

Q3
在駕駛時會特別注意哪些事？

以依照時刻表準點運行為原則，但乘坐的舒適度也很重要。因此不會反覆進行加速和減速的操作，希望能讓列車行駛得平穩又順暢。尤其週末會有許多家庭客搭乘小田急浪漫特快，為了讓乘客可以在車內安心飲食，除非緊急狀況，不然絕不緊急剎車。避免不必要的加速，不僅能減少機械設備的負擔，又能兼顧經濟效率與環保。

Q4
要怎麼做才能準時運行？

每班列車都有固定的運行時刻表，駕駛員必須充分掌握時刻表並確實記住「這段區間需要開幾分鐘」。但即便記住了時刻表，也不是每天都能以同樣的方式行駛。若遇到天氣變化、沿線活動等突發狀況，就得隨機應變才行，所以事前規劃顯得非常重要。例如上班前蒐集「今天在○○車站有祭典」之類的相關訊息，並預測可能的擁擠情況，與車掌合作來應對處理。

Q5
天氣不好時要特別注意什麼？

下雨時軌道容易打滑，為了安全起見會提前剎車。但速度太慢又無法準時到達目的地，因此會在可以加速的區間開到最高速限，確保時間上的餘裕。若前方有彎道或下坡，就算加速了也得馬上剎車，所以會盡量避免這樣浪費動力的駕駛方式。

Q6
駕駛員工作的魅力是什麼？

通勤、通學的尖峰時段，人潮擁擠，因此要避免急剎或加速以免乘客感到不適。駕駛員的工作雖然常處於緊張狀態，但當依照既定的時間抵達車站，看到眾多乘客下車的光景時，就會覺得很有成就感。也常常有小朋友向我揮手，或是聽到乘客說「加油喔」之類的鼓勵，還能讓家人看到自己工作的樣子，也都是這份工作吸引我的地方。

給想成為駕駛員的人

電車駕駛這份工作，經常被誤以為是駕駛員一個人獨自完成所有的事情，但其實團隊合作才是關鍵。因此必須具備和周圍的人保持良好關係，以及聆聽意見、尋求幫助的能力。

鐵道工作中最重要的就是遵守規則，所以平常就要聽老師和父母的話。但也不是「因為被交代的事」就照做，而是要去思考「為什麼這個規則很重要？」確實理解其中的意義，並培養自己能獨立思考的能力。

131

鐵道的工作②

從確認安全到窗口業務！

支撐車站運作的人 站務員的工作現場

站務員會在列車發車和抵達的月台上發出各式信號，留意列車的準時運行與安全，除此之外，還得處理各種與車站乘客相關的業務。以下就是站務員的工作內容介紹。

一到發車時間，車門關上後，做出「指差確認」動作確定列車是否無異常可以正常發車。支援列車的準時運行也是站務員的工作。

剪票口的執勤以確認車票和補票為主，也會協助乘客找路或提供前往目的地的路線指引等服務

也會在售票窗口執勤，透過專用終端機販售車票、定期票和特急券

在月台支援安全行駛 同時也要負責剪票口和窗口執勤

大家是否曾在車內遺失物品，或是在轉乘時找不到月台而尋求站務員的幫忙呢？站務員就是負責在車站內處理各式各樣執勤的人。

由於車站從清晨一直營業到深夜，因此站務員會以分組輪班的方式來執勤。在月台時的主要工作，是確認電車的到站與發車、進行運行狀況的廣播等。為了讓乘客順暢地上下車，必須確保月台上的安全。在剪票口時，則會確認乘客的車票、交通IC卡及補票等內容。

站務員的使命就是支援鐵道安全行駛，並站在乘客的角度來提供服務。正因為有他們的付出，我們才能享受舒適的鐵道旅程。

為了讓駕駛員和車掌能清楚看到，會高舉信號燈發出「出發OK」的信號

使用無線麥克風廣播列車到站和發車的時間，提醒乘客注意

站務員的必備物品就是這些！

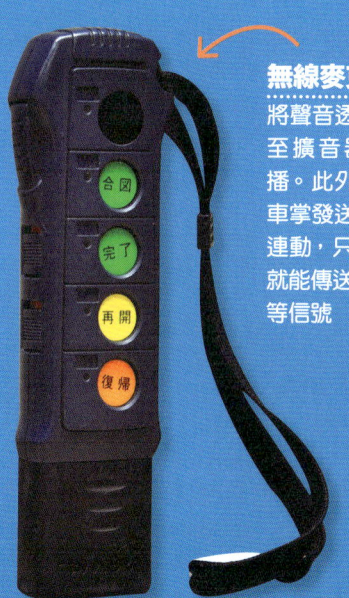

無線麥克風
將聲音透過電波傳送至擴音器來進行廣播。此外，還可與向車掌發送信號的機器連動，只要按下按鈕就能傳送「可以關門」等信號

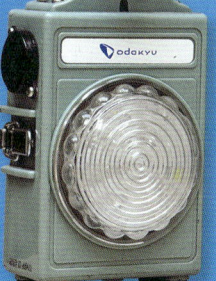

正常時　緊急時

發出信號

信號燈
透過燈光向駕駛員和車掌發出信號。「白色」代表正常；「綠色」代表「可以關門」和「可以出發」；「紅色」代表必須停止列車的緊急狀況

鐵道的工作

\ 專訪小田急電鐵成城學園前站的站務員 /

希望能在將安全視為理所當然的鐵道現場有所貢獻

以下訪問在小田急電鐵的主要車站「成城學園前站」工作的站務員，請她分享一天的工作排程、印象深刻的經驗等與執勤相關的內容。

小田急電鐵 成城學園前管區 主任
※受訪當時的職稱為主任

魚崎 悠

2013進入小田急電鐵任職，歷經町田站、下北澤站的勤務後，自2021年起擔任成城學園前站的站務員（主任）。

Q1
想成為站務員的契機是什麼？

我本來就喜歡看路線圖，也喜歡搭電車。小時候在旅行社遇過一位幫忙訂票的女性，她工作時的英姿讓我留下深刻印象，也因此開始對服務業產生興趣，學生時代我也曾在服務業打工。後來想說若能在喜歡的鐵道業從事服務的工作就太好了，所以才選擇成為站務員。

Q2
一天的工作排程是怎樣？

站務員的工作基本上是24小時的輪班制。以我為例，早上9點上班，與上一班過夜的值勤同事交接工作後，就一路處理各式各樣的事情，直到深夜1點半車站營業結束為止。之後會小睡一下，早上7點半再開始工作。9點半將工作交接給下一班的同事，就可以下班了。下班後一直到隔天都是休息日。在車站的營業時間內，為了能隨時應對乘客的需求，站務員彼此之間會錯開休息和小睡的時間。

魚崎悠的一天行程概況

9：00	上班
9：30	完成出勤確認與交接，開始工作
12：00	午餐
13：00	執勤
16：00	休息
17：00	執勤
19：00	晚餐
20：00	執勤
1：30	結束執勤
	小睡
7：30	再次執勤
9：25	交班後下班

鐵道的工作②

Q3 工作內容是什麼呢？

主要的工作是月台上的安全防範、剪票口和窗口的業務、處理遺失物。由於成城學園前站是終點站，有些列車接下來會開進車庫，因此確認車廂內是否還有乘客也是很重要的工作。尤其是夜間偶爾會有乘客睡著，所以得仔細確認。

Q4 平常工作時會特別注意哪些事？

月台上的工作，主要是確認上下車乘客的安全。早上的尖峰時段車廂內總是擁擠不堪，有時車門關閉時會夾到乘客的包包或衣服。如果就這樣發車的話，可能導致乘客無法在下一站下車，所以必須確認車門是否有夾到任何東西，再讓列車發車。

Q5 站務員這份工作的魅力是什麼？

列車按照表定時間安全地運行，對乘客來說是件理所當然的事。而這一切的背後，其實是因為有站務員、駕駛員、車掌、車輛維修技師等諸多人的努力。能以站務員的身分成為團隊中的一人，正是這份工作的魅力所在。

月台上的業務，是確保鐵道安全運行的基礎。即使天候惡劣，也要盡全力地完成工作

Q6 印象最深刻的事是什麼？

2023年12月，上一代的小田急浪漫特快50000型「VSE」退役，當時舉辦了最後一趟列車的活動。終點站就在成城學園前站，有許多人專程前來見證它最後的身影。那天正好是我的上班日，能夠親身參與那一刻，也讓我實際感受到小田急浪漫特快是多麼受到大家的喜愛。

Q7 將來希望成為什麼樣的站務員呢？

在鐵道業界擔任乘務員、站務員、駕駛員等工作的女性，跟以前相比，雖然人數有增加，但還是不夠多。我希望能成為想從事鐵道工作的女性所憧憬的對象，所以得繼續磨練自己身為站務員的應對能力。

給想成為站務員的人

由於工作上必須和許多乘客接觸，得隨時注意自己的儀容舉止和用字遣詞。更重要的是要具備能正確回應乘客的需求、詢問的溝通能力。與其他站務員、駕駛員、車掌等人一起工作時，溝通協調的能力也同樣不可或缺。如果平時就能積極地與學校老師和朋友互動交流，將來在工作上一定能有所幫助。

135

鐵道的工作③

支撐首都圈鐵道運輸的心臟

JR東日本
一探究竟
東京綜合指令室

JR東日本的東京綜合指令室，是管理列車運行的重要設施。以下將針對其扮演的角色及指令員的工作內容做介紹。

首都圈的列車運行圖既密集又錯縱複雜。為了調整列車的運行，指令員的工作可是相當辛苦

由指令員以24小時體制管理首都圈的24條路線

首都圈的JR鐵道網就如網狀般縱橫交錯。在來線的24條路線，都是由東京綜合指令室以24小時體制負責監控。指令員會密切注意列車是否按照時刻表準時運行，若列車出現延誤，則必須在確保安全的同時，迅速掌握狀況並下達調整行駛的指示。正由於每位指令員的精準控制，鐵道運輸才得以有條不紊地順利運作。

隸屬於東京綜合指令室的指令員約有550人。由於是重要設施，實際位置沒有對外公開

天候的變化會對列車運行造成重大影響。如何精準下達指示給乘務員及調度列車，正是展現指令員能力的關鍵時刻

在車站的電子看板上顯示「延誤」等資訊的系統，也是由指令室負責管理

136

採訪東京綜合指令室的指令員

我們希望透過快速決策支援準時運營

JR 東日本
東京綜合指令室 指令員

紫藤 繪理

2014進入JR東日本任職。歷經大宮站的站務員、京濱東北線和武藏野線的車掌職務後，從2019年起開始擔任東京綜合指令室的指令員。

Q1 工作內容是什麼呢？

以我為例，將近24小時的工作時間，是從早上9點20分一直到隔天早上9點40分，期間會安排小睡和休息。每位指令員掌管的列車運行區域都不同，而我主要是負責東北5條路線（宇都宮線、高崎線、武藏野線、京葉線、東北貨物線*）的運行管理。

Q2 要如何才能成為指令員？

並不需要特定的經歷。目前指令員皆來自各種不同的背景，彼此之間還能互相學習。只要你希望鐵道能安全運行、穩定運輸，想了解安全運作的機制，任何人都有機會成為指令員。

Q3 會進行哪些訓練呢？

平時會舉辦研習活動讓指令員學習知識，像是如何應對異常的狀況、車輛的構造以及與運行管理有關的設備操作方法等。指令室內也設有模擬器，針對異常狀況進行演練。

Q4 發生事故時該怎麼辦？

優先考量絕對是乘客和員工的安全，會將預測可能有危險的列車停下並進行安全確認。為避免造成不便，有時會讓列車在中途車站折返，或改用其他線路來恢復運行，希望把暫停行駛的區間控制在最小的範圍內。秉持安全至上的原則，努力快速做出判斷。

Q5 工作中感到開心的事是什麼？

當延誤的列車在自己的運行計畫下恢復準時運行時，會有很大的成就感。平常搭電車的時候，可實際感受到自己的工作原來支撐著這麼多乘客的日常生活，除了責任感外，也讓我再次感受到這是一個很有意義的工作。

*東北本線的部分路線。原本是貨運列車的專用軌道，但現在有湘南新宿線等列車運行其間

給想成為鐵道指令員的人

日本的鐵道被譽為「全世界最準時」。這樣的準確率，是靠著眾多工作人員的努力才得以實現。即便科技如何發達，仍有許多只有人類才能完成的工作。若大家在關注各種事物時，也能對世界第一的鐵道運行萌生興趣，我會非常開心。

鐵道的工作

137

鐵道的工作 ④

守護首都東京的出入口

鐵道警察的24小時

鐵道警隊負責處理車站內和車廂內發生的各種犯罪案件及糾紛。在乘客人潮眾多的東京車站，鐵道警隊會反覆進行巡邏，並接收來自車站使用者的各種詢問。為了守護大家的安全，隊員們皆日以繼夜地努力執行任務。

正在東京車站內巡邏及檢查周邊狀況的鐵道警員

也會定期巡邏包含新幹線在內的各類列車車廂，以及取締色狼、扒手、順手牽羊等犯罪行為

為了車站使用者的安全，日夜奮戰中！

JR東京車站每天有超過34萬人利用，從早到晚都擠滿了來來往往的人潮。

在這座巨大車站內擔當執勤的是鐵道警隊東京分駐所的隊員，鐵道警隊則隸屬於各都道府縣的警察組織。換句話說，鐵道警隊的隊員並非鐵道公司的員工，而是專門負責守護車站和列車安全的警察。

為取締色狼、扒手等違法行為，隊員有時也會進入車廂內執勤。此外，為提前防範事件與事故發生，日夜在車站內

138

設置在JR東京車站內的鐵道警隊東京分駐所。隊員會在車站內仔細巡視，確認是否有事件或事故發生

由於東京車站的腹地廣大，找不到目的地而迷路的人很多，因此分駐所的櫃台也備有方便指路用的車站導覽圖

不熟悉車站的觀光客經常會使用投幣式置物櫃，因此周邊地區也得定期巡邏

鐵道的工作

和車廂內巡邏也是重要的任務之一。在巡邏期間，也經常有人因為迷路或遺失物品而向他們求助，隊員也會致力幫助有困難的人。

隊員的執勤時間採輪班制，全年365天24小時都能應對在東京車站發生的各種事件和事故。而且不只是JR線，連地下鐵也涵蓋在內，甚至還會前往鄰近車站處理突發狀況。

除了東京車站外，全日本各大主要車站都設有鐵道警隊。在日常使用的車站幕後，有一群鐵道警察默默地付出努力。

139

＼採訪鐵道警隊的隊員／

想要持續守護車站使用者的安全與安心

守護車站等鐵道設施安全的鐵道警隊，在日常勤務中要處理哪些工作？平時會注意哪些細節呢？接下來就來看看東京分駐所隊員分享的內容。

警視廳 鐵道警隊
第一中隊（東京分駐所）巡查長
山型圭祐

2017年進入警視廳任職，自2023年起隸屬於鐵道警隊。目前是東京車站鐵道警隊的隊員，活躍於第一線中。

Q1 想成為鐵道警察的契機是什麼？

在警察署工作時，曾於通勤的電車上多次目擊乘客之間的糾紛。由於這樣的體驗，讓我萌生了希望能守護「電車的安全與安心」的強烈念頭，打造一個對女性和家庭乘客友善的環境，所以申請調派到鐵道警隊。

Q2 鐵道警隊的任務是什麼？

主要的任務是鐵道設施的警戒和警備、搭乘列車執行巡邏，以及在鐵道事故時救人。發生事件或事故時，也會負責逮捕犯人並保存現場。此外，也會像市區的派出所一樣，受理尋找遺失物、協助找路及處理糾紛等業務。

Q3 如何才成為鐵道警察呢？

鐵道警隊是設置在都道府縣警察下的組織，因此首先是必須成為警察。即使當上警察，由於警察內部還有各種不同的部門，就算提出申請也不一定能被分派到鐵道警隊。會從警察的經歷、熱忱等來進行綜合判斷，通過評估後才能成為鐵道警隊的隊員。

如何成為鐵道警隊員

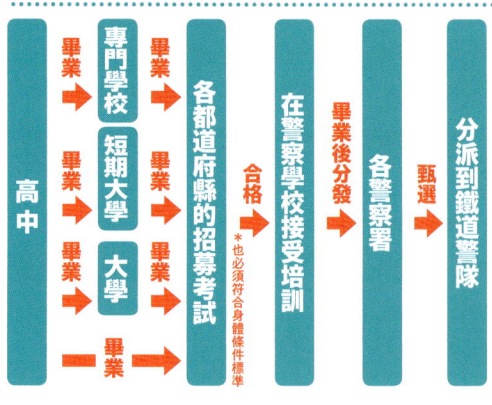

高中 → 畢業 → 專門學校／短期大學／大學 → 畢業 → 各都道府縣的招募考試 → 合格（※也必須符合身體條件標準）→ 在警察學校接受培訓 → 畢業後分發 → 各警察署 → 甄選 → 分派到鐵道警隊

鐵道的工作④

Q 4
值勤的班表是怎麼安排的呢？

鐵道警隊是全天候24小時運作，因此隊員會輪流執行勤務。依照「值班」、「非值班」、「日勤」的輪班制度值勤，「值班」是指包含過夜的勤務，會在分駐所內執行各種業務。值班的隔日即「非值班」，非值班並不是休假，而是讓隊員在值班後可以好好休息，若遇突發狀況可能也得出勤。非值班的隔日則是「日勤」，為早上到傍晚的8小時勤務。

鐵道警隊隊員的勤務概況

- 第1天　**值班**　8：30～翌日9：30
- 第2天　**非值班**
- 第3天　**日勤**　8：30～17：15
- 第4天　**休假**

※日勤和休假有時會對調

Q 5
在日常業務中特別留意的事是什麼？

每天都會接到各式各樣的詢問，但不管是誰我都會以同理心來應對，直到對方能夠理解為止。遇到外國人時，也會善用智慧型手機的翻譯App來溝通。當要進行臨檢盤問時，則會告知「為了遏止犯罪還請您多多配合」，努力保持禮貌的態度。

在車站內巡邏時，經常會被各式各樣的人問路。當我禮貌地回應後，聽到對方說「謝謝」時，都會讓我不禁露出笑容

Q 6
為了成為鐵道警隊員（警察）曾做過哪些努力？

平常會透過柔道、劍道等訓練來鍛鍊身體。因為有時得壓制體型較大的人，所以必須持續努力讓自己擁有強健的體魄。

Q 7
在工作中感到開心的事情是什麼？

我曾處理過一件女性遭遇色狼的案件，當時一接到通報後馬上趕到現場，並當場將犯人逮捕。那時候看到受害女性的眼中泛著淚光，可以感受到被害者受到了很大的創傷，我很慶幸自己能夠幫得上忙。

給想成為鐵道警隊隊員的人

警察這份工作必須要面對各式各樣的人。站在對方的立場思考，以真誠的態度去面對他人是很重要的，我希望想成為鐵道警隊員的人，能將這點放在心上。

我從4歲起就開始練柔道。透過柔道所鍛鍊出的體能和意志力，即使成為警察後仍然派得上用場。不只是運動，任何事只要不輕言放棄，堅持到最後，絕對能成為自己的力量。若各位有想成為警察的念頭，請將它轉化成動力並持續努力下去。

141

車輛形式名稱索引

＼ 想知道的車輛都在這裡！／

詳列出第1章～第4章中介紹的新幹線、特急、通勤列車

【 JR北海道・JR東日本・JR東海・JR西日本・JR四國・JR九州 】

數　字

1000型（JR四國）	66
205系（JR東日本）	64
225系（JR西日本）	65
253系（JR東日本）	43
271系（JR西日本）	45
273系（JR西日本）	45
2700系（JR四國）	46
285系（JR東海・JR西日本）	38
287系（JR西日本）	45
313系（JR東海）	65
315系（JR東海）	65
323系（JR西日本）	65
373系（JR東海）	44
383系（JR東海）	44
500系（JR西日本）	23、27
5000系（JR四國）	65
683系（JR西日本・JR東海）	44
700系 7000番台（JR西日本）	23
733系（JR北海道）	64
737系（JR北海道）	64
783系（JR九州）	47
787系（JR九州）	47
789系 1000番台（JR北海道）	40
800系（JR九州）	23
821系（JR九州）	65
883系（JR九州）	47
8000系（JR四國）	46

英文字母

DF200型・77系（JR九州）	48
E001型（JR東日本）	48
E131系（JR東日本）	64
E2系（JR東日本）	24
E233系（JR東日本）	62
E235系（JR東日本）	60、82
E257系（JR東日本）	43
E259系（JR東日本）	42
E261系（JR東日本）	42
E3系（JR東日本）	24
E353系（JR東日本）	42
E5系・H5系（JR東日本・JR北海道）	15、24、27
E6系（JR東日本）	25
E653系（JR東日本）	41
E657系（JR東日本）	43
E7系・W7系（JR東日本・JR西日本）	25
E721系（JR東日本）	64
E751系（JR東日本）	41
E8系（JR東日本）	25
GV-E400系（JR東日本）	67
H100型（JR北海道）	67
HC85系（JR東海）	44
HOT7000系（智頭急行）	45
L0系・L0系改良型試驗車（JR東海）	28
N700S（JR東海・JR西日本）	15、20、22
N700S 8000番台（JR九州）	23、30
N700系・N700A（JR東海・JR西日本）	22
N700系 7000・8000番台（JR東海・JR九州）	22
YC1系（JR九州）	67

日文羅馬拼音

Kiha100系・Kiha110系（JR東日本）	66
Kiha120系（JR西日本）	66
Kiha143系（JR北海道）	49
Kiha185系（JR四國）	46
Kiha200系（JR九州）	66
Kiha261系（JR北海道）	40
Kiha261系 1000番台（JR北海道）	41
Kiha283系（JR北海道）	40
Kiha72型（JR九州）	47
Kiha75型（JR東海）	66
KihaE200型（JR東日本）	67

【 私鐵・第三部門鐵道 】

數 字

001系「Laview」（西武鐵道）	52
10-300型（東京都交通局）	63、93
12-600型（東京都交通局）	93
1000型（京濱急行電鐵）	72
1000系（一畑電車）	79
1000系（東京Metro地鐵）	92
1000系（阪急電鐵）	75
1000系「湯煙號」（長野電鐵）	79
1000N系（仙台市交通局）	94
1080型（高松琴平電氣鐵道）	77
1200系「Panorama Super」（名古屋鐵道）	54
10000系（東京Metro地鐵）	92
10000系（東武鐵道）	72
10000系「New Red Arrow」（西武鐵道）	52
12000系（相模鐵道）	63
12000系「Southern Premium」（南海電氣鐵道）	71
13000系（京阪電氣鐵道）	75
13000系（東京Metro地鐵）	92
15000系（東京Metro地鐵）	92
16000系（東京Metro地鐵）	92
16010型「阿爾卑斯特快列車」（富山地方鐵道）	78
17000系（東京Metro地鐵）	93
18000系（東京Metro地鐵）	93
20系（京都市交通局）	94
2000系（東京Metro地鐵）	92
2000系「μ-SKY」（名古屋鐵道）	54
2020系（東急電鐵）	73
2100型（京濱急行電鐵）	70
2100系「THE ROYAL EXPRESS」（東急・伊豆急行）	49
2100系「雪猴號」（長野電鐵）	79
2100系（伊豆急行）	76
2100系（一畑電車）	77
20000系（相模鐵道）	73
21000系（大井川鐵道）	79
21020系「Urban Liner Next」（近畿日本鐵道）	55
36-700型（三陸鐵道）	76
3000型（京成電鐵）	73
3000型（銚子電氣鐵道）	76
3000型（西日本鐵道）	75
3000A系（福岡市交通局）	95
3000S型（橫濱市交通局）	94
3100型（京成電鐵）	73
3500系（名古屋鐵道）	74
30000型「EXEα」（小田急電鐵）	53
30000系（Osaka Metro）	95、97
30000系（西武鐵道）	72
30000系「高野號」（南海電氣鐵道）	55
30000系「Vista EX」（近畿日本鐵道）	55
400系（Osaka Metro）	95
4000型（小田急電鐵）	63
40000系（西武鐵道）	70
500系「Revaty」（東武鐵道）	53
5000系（小田急電鐵）	72
5000型（札幌市交通局）	94
5000型（西日本鐵道）	75
5000系（京王電鐵）	70
5050系（東急電鐵）	73
5500型（東京都交通局）	93
5700系（阪神電氣鐵道）	75
5800系（近畿日本鐵道）	74
5820系（近畿日本鐵道）	74
50000系（東武鐵道）	72
50000系「志摩之風號」（近畿日本鐵道）	54
50000系「Rapi:t」（南海電氣鐵道）	55
6000型（神戶市交通局）	95
6500型（東京都交通局）	93
60000型「MSE」（小田急電鐵）	53
700型（上毛電氣鐵道）	79
70000型「GSE」（小田急電鐵）	50
70090型（東武鐵道）	70
8000系（京阪電氣鐵道）	71
8300系（南海電氣鐵道）	74
8500系（長野電鐵）	77
8500系「富士山景觀特急」（富士山麓電氣鐵道）	78
80000系「火鳥號」（近畿日本鐵道）	54
9000系（京王電鐵）	73
9000系（東京Metro地鐵）	93
9300系（阪急電鐵）	71
9300系（阪神電氣鐵道）	75
9500系（名古屋鐵道）	74

英文字母

AE型「Skyliner」（京成電鐵）	15、52
KTR700型（京都丹後鐵道）	77
N100系「SPACIA X」（東武鐵道）	53
N1000系（名古屋市交通局）	95
N3000型（名古屋市交通局）	95

日文羅馬拼音

津輕21型（津輕鐵道）	76
Tora700型等（南阿蘇鐵道）	77

143

國家圖書館出版品預行編目(CIP)資料

日本鐵道小百科：240種列車x豐富分類x
趣味知識 成為小小鐵道迷的第一本書！/
朝日新聞出版作；許懷文翻譯. --第一版. --
新北市：人人出版股份有限公司，2025.09
面； 公分. -- （日本鐵道系列；7）

ISBN 978-986-461-458-5（平裝）

1.CST：鐵路　2.CST：日本

557.2631　　　　　　　　　114010659

【日本鐵道系列7】
日本鐵道小百科
240種列車×豐富分類×趣味知識 成為小小鐵道迷的第一本書！

作者／朝日新聞出版
翻譯／許懷文
編輯／林庭安
出版者／人人出版股份有限公司
地址／23145新北市新店區寶橋路235巷6弄6號7樓
電話／（02）2918-3366（代表號）
傳真／（02）2914-0000
網址／http://www.jjp.com.tw
郵政劃撥帳號／16402311 人人出版股份有限公司
製版印刷／長城製版印刷股份有限公司
電話／（02）2918-3366（代表號）
香港經銷商／一代匯集
電話／（852）2783-8102
第一版第一刷／2025年9月
定價／新台幣500元

GENRE DE KURABERU - TETSUDOU NO HIMITSU ZUKAN
Copyright © 2024 Asahi Shimbun Publications Inc.
All rights reserved.
Originally published in Japan in 2024 by Asahi Shimbun Publications Inc.
Traditional Chinese translation rights arranged with Asahi Shimbun Publications Inc.,
Tokyo through Keio Cultural Enterprise Co., Ltd., New Taipei City.

● 著作權所有　翻印必究 ●